普通高等教育车辆工程专业"新工科"建设系列教材

Diandong Qiche Jichu
电动汽车基础

谭垫元　郭伟伟　主　编
曹　靖　任毅龙　副主编
　　　　李志恒　主　审

人民交通出版社股份有限公司
北　京

内 容 提 要

本书是"普通高等教育车辆工程专业'新工科'建设系列教材"之一。全书全面、系统地介绍了电动汽车相关概念、理论基础及关键技术，包括电动汽车概述、纯电动汽车结构与工作原理、混合动力电动汽车结构与工作原理、燃料电池电动汽车结构与工作原理、电动汽车整车控制系统、纯电动汽车动力蓄电池系统、纯电动汽车驱动电机系统及控制策略、纯电动汽车充电系统以及制动能量回收系统等内容。

本书可供普通高等院校车辆工程、能源与动力工程、交通运输、交通工程、自动化及系统工程等专业本科生和研究生作为教材选用，也可作为相关专业学生在电动汽车领域的入门参考书，还可作为从事相关工作的工程技术人员和科研人员的参考书。

图书在版编目(CIP)数据

电动汽车基础/谭垦元,郭伟伟主编.—北京：
人民交通出版社股份有限公司,2021.12
普通高等教育车辆工程专业"新工科"建设系列教材
ISBN 978-7-114-17697-5

Ⅰ.①电… Ⅱ.①谭… ②郭… Ⅲ.①电动汽车—高等学校—教材 Ⅳ.①U469.72

中国版本图书馆 CIP 数据核字(2021)第 233439 号

书　　名：	电动汽车基础
著 作 者：	谭垦元　郭伟伟
责任编辑：	戴慧莉
责任校对：	刘　芹
责任印制：	张　凯
出版发行：	人民交通出版社股份有限公司
地　　址：	(100011)北京市朝阳区安定门外外馆斜街 3 号
网　　址：	http://www.ccpcl.com.cn
销售电话：	(010)59757973
总 经 销：	人民交通出版社股份有限公司发行部
经　　销：	各地新华书店
印　　刷：	北京市密东印刷有限公司
开　　本：	787×1092　1/16
印　　张：	8.25
字　　数：	208 千
版　　次：	2021 年 12 月　第 1 版
印　　次：	2021 年 12 月　第 1 次印刷
书　　号：	ISBN 978-7-114-17697-5
定　　价：	27.00 元

(有印刷、装订质量问题的图书由本公司负责调换)

普通高等教育车辆工程专业"新工科"建设系列教材

编 委 会

主　任

赵祥模(长安大学)

副主任(按姓名拼音顺序)

陈　南(东南大学)　　　　高振海(吉林大学)　　　　郭应时(长安大学)
黄　彪(北京理工大学)　　刘　杰(湖南大学)　　　　吴光强(同济大学)

委　员(按姓名拼音顺序)

曹立波(湖南大学)　　　　冯崇毅(东南大学)　　　　龚金科(湖南大学)
郭伟伟(北方工业大学)　　韩英淳(吉林大学)　　　　胡兴军(吉林大学)
黄　江(重庆理工大学)　　黄韶炯(中国农业大学)　　李　凡(湖南大学)
李志恒(清华大学)　　　　刘晶郁(长安大学)　　　　鲁植雄(南京农业大学)
栾志强(中国农业大学)　　史文库(吉林大学)　　　　谭继锦(合肥工业大学)
谭墅元(北方工业大学)　　汪贵平(长安大学)　　　　王　方(长沙理工大学)
吴志成(北京理工大学)　　谢小平(湖南大学)　　　　杨　林(北京理工大学)
姚为民(吉林大学)　　　　于海洋(北京航空航天大学)　张　凯(清华大学)
张志沛(长沙理工大学)　　周淑渊(泛亚汽车技术中心)　左曙光(同济大学)

前言

为主动应对新一轮科技革命与产业变革,支撑服务创新驱动发展、"中国制造2025"等一系列国家战略,自2017年2月以来,教育部积极推进"新工科"建设,先后形成了"复旦共识""天大行动"和"北京指南",全力探索形成领跑全球工程教育的中国模式、中国经验,助力高等教育强国建设。为顺应"新工科"建设的发展需求,人民交通出版社股份有限公司针对高等院校车辆工程专业课程开设情况进行了充分的调研,并在此基础上,围绕着工程教育改革的新理念、新结构、新模式、新质量、新体系,对原有的车辆工程专业教材进行了全面的调整、修订和增补等,形成了全新的"普通高等教育车辆工程专业'新工科'建设系列教材"。

发展新能源汽车是我国从汽车大国迈向汽车强国的必由之路,是应对气候变化、推动绿色发展的战略举措。2012年,国务院发布《节能与新能源汽车产业发展规划(2012—2020年)》以来,我国坚持纯电驱动战略取向,新能源汽车产业发展取得了巨大成就,成为世界汽车产业发展转型的重要力量之一。2020年10月,国务院常务会议通过了《新能源汽车产业发展规划(2021—2035年)》,将进一步推动新能源汽车产业高质量发展,加快建设汽车强国步伐。

在《新能源汽车产业发展规划(2021—2035年)》中,文件强调,我国需要进一步提高新能源汽车技术创新能力,特别是要深化"三纵三横"研发布局。一方面,以纯电动汽车、插电式混合动力(含增程式)电动汽车、燃料电池电动汽车为"三纵",强化整车集成技术创新,布局整车技术创新链。另一方面,以动力蓄电池与管理系统、驱动电机与电力电子、网联化与智能化技术为"三横",提升产业基础能力,构建关键零部件技术供给体系。

本书共分为十章,由浅入深、理论联系实际地对电动汽车相关基础知识进行了介绍和阐述:介绍了电动汽车的分类、定义、关键技术、发展现状及趋势、相关政策法规及标准;对纯电动汽车、混合动力电动汽车、燃料电池电动汽车的基本结构和工作原理进行了阐述;对电动汽车整车控制系统组成和功能进行了介绍;从动力蓄电池的类型、主要性能指标、管理系统等方面对纯电动汽车动力蓄电池系统进行了系统的介绍；从驱动电机基本概念、性能指标、组成特性以及控制策略等方面对纯电动汽车驱动电机系统进行了系统的介绍；介绍了纯电动汽车充电系统相关知识，包括充电基础设施发展及规划、不同类型充电桩的标准及特点等；从制动能量回收原理、技术方法、系统结构及控制策略等方面，对电动汽车制动能量回收系统进行了介绍。期望读者通过学习本书内容，能够掌握电动汽车相关的基础概念、关键技术及方法。

本书由北方工业大学谭墅元、郭伟伟担任主编，由北方工业大学曹靖、北京航空航天大学任毅龙担任副主编，由清华大学李志恒担任主审。在本书的编写过程中，余承洋、王亚楠、王越琴、张乐、晁文杰等在资料收集、文字及文献整理、图表绘制等方面做了大量工作，在此向他们的辛勤、无私付出表示感谢！此外，书中参阅了大量的国内外参考文献，引述文献已尽量予以标注，但难免存在疏漏，在此对各文献作者一并致谢！

本书涉及内容较多，由于编者水平及时间所限，书中难免存在错误和不足之处。欢迎广大读者批评指正。

编　者
2021 年 5 月

目录

第一章　电动汽车概述 ... 1
第一节　电动汽车的定义与分类 ... 1
第二节　电动汽车的优势及关键技术 ... 2
第三节　电动汽车的发展现状与趋势 ... 3
第四节　电动汽车的政策法规与标准 ... 4

第二章　纯电动汽车结构与工作原理 ... 11
第一节　纯电动汽车定义与结构 ... 11
第二节　纯电动汽车关键技术指标 ... 14
第三节　纯电动汽车典型车型 ... 17

第三章　混合动力电动汽车结构与工作原理 ... 23
第一节　混合动力电动汽车定义与结构 ... 23
第二节　混合动力电动汽车控制策略 ... 26
第三节　混合动力电动汽车关键技术及指标 ... 30

第四章　燃料电池电动汽车结构与工作原理 ... 35
第一节　燃料电池定义和控制策略 ... 35
第二节　燃料电池电动汽车组成与结构原理 ... 38
第三节　燃料电池电动汽车关键技术及指标 ... 42

第五章　电动汽车整车控制系统 ... 45
第一节　整车控制系统组成和功能 ... 45
第二节　驱动/制动控制策略 ... 46
第三节　能量管理策略 ... 47
第四节　安全控制策略 ... 48

第六章　纯电动汽车动力蓄电池系统 ... 50
第一节　动力蓄电池类型 ... 50
第二节　动力蓄电池指标 ... 55

第三节　动力蓄电池系统设计 ········ 58
第四节　蓄电池管理系统 ············ 60

第七章　纯电动汽车的驱动电机系统
第一节　纯电动汽车的驱动电机 ······ 64
第二节　电机主要性能指标 ·········· 67
第三节　电驱动系统组成及特性分析 ·· 69

第八章　纯电动汽车驱动电机控制策略
第一节　直流电机及其控制策略 ······ 71
第二节　交流异步电机及其控制策略 ·· 77
第三节　永磁同步电机及其控制策略 ·· 84
第四节　开关磁阻电机及其控制策略 ·· 86
第五节　轮毂电机及其控制策略 ······ 88
第六节　其他电机控制策略 ·········· 91

第九章　纯电动汽车充电系统
第一节　充电设施现状及发展趋势 ···· 94
第二节　充电桩结构及原理 ·········· 95
第三节　充电桩参考标准及接口 ······ 99
第四节　DC/DC 变换器结构及原理 ·· 103
第五节　车载充电机结构及原理 ····· 104

第十章　电动汽车制动能量回收系统
第一节　制动能量回收基本原理 ····· 108
第二节　制动能量回收常用方法 ····· 111
第三节　制动能量回收系统结构及控制策略 ····· 113
第四节　制动能量回收过程动力学分析 ····· 116

参考文献 ························· 120

第一章　电动汽车概述

第一节　电动汽车的定义与分类

一、电动汽车的定义

电动汽车是目前市场应用最广泛的新能源汽车。新能源包括电能、氢能、天然气、醇类燃料、二甲醚、太阳能等。其中,电能来源丰富、直接污染小,车辆结构简单且维修方便,是公认的新能源汽车的发展主流。新能源汽车是指采用新型动力系统,完全或者主要依靠新型能源驱动的汽车。从广义上来说,新能源汽车可分为电动汽车和替代燃料汽车两种类型(图1-1)。电动汽车(Electric Vehicle,简称EV)定义为以车载电源为动力,用电机驱动车轮行驶,符合道路交通、安全法规各项要求的车辆。

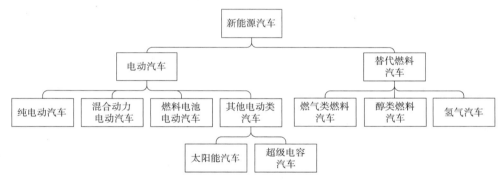

图1-1　新能源汽车分类

二、电动汽车的分类

根据《电动汽车术语》(GB/T 19596—2017),电动汽车按照能源供给特点分为纯电动汽车(Battery Electric Vehicle,简称BEV)、混合动力电动汽车(Hybrid Electric Vehicle,简称HEV)、燃料电池电动汽车(Fuel Cell Electric Vehicle,简称FCEV)。纯电动汽车是指驱动能量完全由电能提供的、由电机驱动的汽车,如特斯拉Model 3。混合动力电动汽车是指能够至少从可消耗的燃料或可再充电能/能量储存装置两类车载储存的能量中获得动力的汽车,如雷克萨斯电动汽车NX300h。燃料电池电动汽车是以燃料电池作为单一动力源或者是以燃料电池系统与可充电储能系统作用混合动力源的电动汽车,由燃料电池、燃料箱、驱动电机和动力蓄电池等组成。以纯电动汽车、混合动力电动汽车及燃料电池电动汽车为代表的新能源汽车将成为替代传统内燃机汽车的主力。

纯电动汽车完全采用可充电式蓄电池驱动,关键部件是电机与蓄电池,纯电动汽车应用的难点是电力储存技术。纯电动汽车应用前景广泛,具有无污染、低噪声、高能效等优点。但蓄电池能量密度太小,续航里程不理想。

混合动力电动汽车多采用传统燃料的发动机与电机的混合方式,关键技术为混合动力系统,直接影响混合动力电动汽车的整车性能。混合动力电动汽车可通过平均需用功率确定内燃机的最大功率,使内燃机在油耗低、污染小的最优工况下工作。此外,蓄电池可以回收减速制动等工况下的能量。

与内燃机汽车相比,燃料电池电动汽车通过燃料电池直接将化学能转化为电能,利用电机驱动,而不是利用燃料的燃烧过程。其能量转换效率较内燃机要高 2~3 倍。燃料电池化学反应过程不会产生污染物,噪声低。但燃料电池的生产、集成及产业化仍待发展。

第二节 电动汽车的优势及关键技术

电动汽车相对传统内燃机汽车在节能环保方面具有显著优势。电动汽车通常采用蓄电池、燃料电池及与内燃机发动机混合方式提供动力,其中蓄电池、燃料电池汽车污染非常低,混合动力电动汽车也只在加速、爬坡以及蓄电池能量不足情况下由发动机辅助供能,排放也相对较少,这符合大力发展环境保护的国策。同时,电动汽车噪声低、舒适性高、起动快,为用户提供了更优质的出行体验。在全球能源紧缺及环境日益恶化的时代背景下,电动汽车以排放清洁、节约燃料、能源多元化等优势成为汽车工业发展的必然趋势。

尽管电动汽车优势突出,但在发展过程中仍存在一些技术难题。电动汽车发展的关键技术主要体现在电池技术、驱动电机技术、整车技术及能量管理技术四个方面。

一、电池技术

动力蓄电池是电动汽车的动力源,也制约着电动汽车的发展。动力蓄电池的主要性能指标包括能量密度、功率密度、循环寿命、使用寿命和成本等。与内燃机汽车相比较,发展电动汽车的关键在于开发出高能量密度、高功率密度、长使用寿命的高效电池。电动汽车动力蓄电池经过了长期发展,取得了突破性的进展。最初的铅酸蓄电池,后来的碱性蓄电池,以及近年的燃料电池,性能指标持续提升。燃料电池直接将燃料的化学能转变为电能,能量转换效率高,是普通内燃机热效率的 2~3 倍,能量密度和功率密度都高,还可以控制反应过程。虽然燃料电池是比较有竞争力的车用电池,但目前还未普及应用。

二、驱动电机技术

驱动电机是电动汽车的关键部件,直接影响电动汽车的使用性能。驱动电机性能主要体现在调速范围、转速、转矩、体积、质量、效率等方面,此外是否有动态制动和再生制动也是重要衡量指标。随着驱动电机系统的发展,电机控制器趋于智能化和数字化,一些非线性智能控制技术如自适应控制、模糊控制、神经网络、遗传算法等,逐渐用于电动汽车的电机控制器,提升了其性能。

三、整车技术

电动汽车是综合多种技术及软硬件于一体的高科技产品,除电池、电机外,整车本身也包含较多高新技术,例如一些易于实现的节能措施。相对内燃机汽车,电动汽车车身结构不仅是由电动驱动系统代替内燃机,电动驱动组件对结构空间有全新的要求,需要对整个车身进行改进。轻质结构设计对于电动汽车而言意义重大。除电池电量外,汽车重量直接影响行驶距离,车辆越轻,电池装备越多,续航里程越大。此外,车辆较轻时,车辆加速更快,制动时间也更短,运行性能显著提升。

四、能量管理技术

能量管理系统的作用是检测单体电池或电池组的荷电状态,根据传感信息,如电池工况、加减速指令、路况、环境温度等,配置有限的车载能量。还能够根据电池组的使用规律和充放电记录选择最佳充电方式,维持电池的健康状态。电池当前储能以及续航里程是电动汽车行驶中的重要参数,也是电动汽车能量管理系统的重要功能。实现电动汽车能量管理的难点在于根据电池的电压、温度和充放电规律确定电池剩余能量。

第三节 电动汽车的发展现状与趋势

我国是全球汽车产销大国,汽车产销量已经连续十年居于全球首位。据中国汽车工业协会数据显示,2020年全国汽车产销分别为2522.5万辆和2531.1万辆,其中新能源汽车产销分别为136.6万辆和136.7万辆。截至2020年的公安部统计数据,我国汽车保有量已经达到2.81亿辆。

汽车发展给人类生活带来便利的同时,也带来了环境污染与能源短缺等问题。能源大量消耗带来温室气体排放问题,导致气候逐渐恶化。因此,使用高能效、低污染的电动汽车替代传统的燃油汽车是缓解上述问题的一个有效途径。根据公安部相关数据,中国纯电动汽车保有量从2014年的8万辆,快速增长到2020年的400万辆(图1-2)。

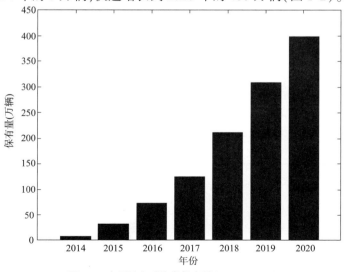

图1-2 中国纯电动汽车保有量(2014—2020)

近些年,全球各国均致力于发展高效、清洁和安全的交通工具。2017年6月20日,德国经济部副部长Rainer Baake提出了一项新规定,到2030年,德国将禁止出售传统内燃机汽车,达到新车零排放的目标。2021年7月,德国新能源汽车保有量达100万辆。德国交通部长Andreas Scheuer曾在2019年提出,德国需在2030年前将电动汽车保有量提升至1000万辆,才能实现预期的减排目标。为了促进乘用车转型,德国政府正积极鼓励消费者购买纯电动汽车。此前挪威也宣布正在制定新的法案,计划在2025年后全面禁售汽油车和柴油车。

发展新能源汽车是我国从汽车大国迈向汽车强国的必经之路。自2001年科学技术部启动"电动汽车重大科技专项"至今,历经20年的积累,取得了多项重大关键技术突破。我国的"纯电驱动"技术转型战略推动了全球汽车工业电动化发展。从技术发展角度而言,我国已经掌握电动汽车电池技术、燃料电池技术、天然气发动机、整车控制系统等相关核心技术,并在部分技术上领先于世界水平。目前,整车方面已形成产品开发的系统配套、管理机制和团队组合,纯电动汽车、混合动力电动汽车、燃料电池电动汽车样车均已成功研发,关键零部件、燃料电池已形成系统,高功率镍氢蓄电池、锂离子蓄电池性能有了较大提高,多能源控制系统初步形成。

根据《新能源汽车产业发展规划(2021—2035年)》,我国新能源汽车进入加速发展新阶段,汽车产业面向电动化、网联化、智能化方向发展,将呈现汽车、能源、交通、信息通信等多领域多主体参与的网状产业生态,同时提高新能源汽车技术创新能力。规划强调深化"三纵三横"研发布局,强化整车集成技术创新,以纯电动汽车、插电式混合动力(含增程式)电动汽车、燃料电池电动汽车为"三纵",布局整车技术创新链;提升产业基础能力,以动力电池与管理系统、驱动电机与电力电子、网联化与智能化技术为"三横",构建关键零部件技术供给体系。力争经过15年的持续努力,我国新能源汽车核心技术达到国际先进水平,质量品牌具备较强国际竞争力。

第四节　电动汽车的政策法规与标准

一、政策法规

新能源汽车是我国的战略新兴产业,发展电动汽车已经成为国家发展战略之一。为了促进电动汽车的发展,我国工业和信息化部、财政部、住房和城乡建设部等多个国家部门制定了一系列政策及规划,覆盖了行业管理、推广应用、税收优惠及基础设施建设等多个方面,2017—2021年的主要政策及规划见表1-1。

政策及规划　　　　　　　　　　　　　　　　　　　表1-1

分类	编号	发文机关	标　题	链　接
综合类	1	国务院办公厅	新能源汽车产业发展规划(2021—2035年)	http://www.gov.cn/zhengce/content/2020-11/02/content_5556716.htm
	2	工业和信息化部、财政部、商务部等	关于修改《乘用车企业平均燃料消耗量与新能源汽车积分并行管理办法》的决定	http://www.gov.cn/zhengce/zhengceku/2020-06/22/content_5521144.htm

续上表

分类	编号	发文机关	标题	链接
综合类	3	国家发展改革委、生态环境部、商务部	推动重点消费品更新升级 畅通资源循环利用实施方案（2019—2020年）	https://www.ndrc.gov.cn/xxgk/zcfb/tz/201906/t20190606_962458.html?code=&state=123
	4	国家发展改革委、工业和信息化部、民政部等	进一步优化供给推动消费平稳增长 促进形成强大国内市场的实施方案（2019年）	https://www.ndrc.gov.cn/xxgk/zcfb/tz/201901/t20190129_962381.html?code=&state=123
	5	国务院办公厅	完善促进消费体制机制实施方案（2018—2020年）	http://www.gov.cn/zhengce/content/2018-10/11/content_5329516.htm
	6	工业和信息化部	车联网（智能网联汽车）产业发展行动计划	https://www.miit.gov.cn/zwgk/zc-wj/wjfb/zh/art/2020/art_fab3e5493ba449a7ac0f481a5906ac21.html
	7	工业和信息化部、财政部、商务部等	乘用车企业平均燃料消耗量与新能源汽车积分并行管理办法	http://www.gov.cn/gongbao/content/2017/content_5248222.htm
	8	工业和信息化部、国家发展改革委、科技部	汽车产业中长期发展规划	https://www.miit.gov.cn/zwgk/zc-wj/wjfb/zbgy/art/2020/art_52eeb9d6f2bf484398fc2505e747afc9.html
管理类	9	工业和信息化部工业和信息化部	新能源汽车废旧动力蓄电池综合利用行业规范条件（修订征求意见稿）	https://www.miit.gov.cn/jgsj/jns/gzdt/art/2020/art_c4c722e405fe4427a7663663514a9e1d.html
	10	工业和信息化部	新能源汽车废旧动力蓄电池综合利用行业规范公告管理暂行办法（修订征求意见稿）	https://www.miit.gov.cn/jgsj/jns/gzdt/art/2020/art_c4c722e405fe4427a7663663514a9e1d.html
	11	工业和信息化部、国家发展改革委、科技部等	促进汽车动力电池产业发展行动方案	https://www.miit.gov.cn/zwgk/zc-wj/wjfb/zbgy/art/2020/art_9e46501d77f949b0bd6edabbf7bc54b8.html
	12	工业和信息化部	工业和信息化部关于修改〈新能源汽车生产企业及产品准入管理规定〉的决定	http://www.gov.cn/gongbao/content/2020/content_5541490.htm
	13	工业和信息化部	新能源汽车生产企业及产品准入管理规定	https://www.miit.gov.cn/zwgk/zc-wj/wjfb/zbgy/art/2020/art_e6181fd3966b4a0792d320a8ee62b4d2.html
推广应用类	14	工业和信息化部办公厅、农业农村部办公厅、商务部办公厅等	工业和信息化部办公厅 农业农村部办公厅 商务部办公厅 国家能源局综合司关于开展2021年新能源汽车下乡活动的通知	https://www.miit.gov.cn/zwgk/zc-wj/wjfb/zbgy/art/2021/art_4d96a5cfd3db41ee86dd917071563562.html
	15	财政部、工业和信息化部、科技部等	关于开展燃料电池汽车示范应用的通知	https://www.miit.gov.cn/jgsj/zbys/qcgy/art/2020/art_50b97f10ea014c0d946752af8a9a5f01.html

续上表

分类	编号	发文机关	标题	链接
推广应用类	16	工业和信息化部办公厅、农业农村部办公厅、商务部办公厅	工业和信息化部办公厅 农业农村部办公厅 商务部办公厅关于开展新能源汽车下乡活动的通知	https://www.miit.gov.cn/zwgk/zc-wj/wjfb/zbgy/art/2020/art_79e301a67f5842c08fc032cf609db8ee.html
	17	工业和信息化部、国家发展改革委、科技部等	工业和信息化部 发展改革委 科技部 公安部 生态环境部 交通运输部 卫生健康委 市场监管总局关于在部分地区开展甲醇汽车应用的指导意见	http://www.gov.cn/gongbao/content/2019/content_5407672.htm
税收类	18	工业和信息化部、财政部、税务总局	关于调整免征车辆购置税新能源汽车产品技术要求的公告	https://www.miit.gov.cn/zwgk/zc-wj/wjfb/gg/art/2021/art_71dd39dc2e79409fba8d956b14cbcbcd.html
	19	财政部、税务总局、工业和信息化部	关于新能源汽车免征车辆购置税有关政策的公告	https://www.miit.gov.cn/jgsj/zbys/qcgy/art/2020/art_f7c1c4b30ac74a639ba42f71fbfc2f4c.html
	20	财政部、税务总局、工业和信息化部等	关于免征新能源汽车车辆购置税的公告	https://www.miit.gov.cn/jgsj/zbys/qcgy/art/2020/art_f4db4e6898d64fac9cb67a7a93a7711a.html
	21	财政部、工信部、科技部等	关于完善新能源汽车推广应用财政补贴政策的通知	https://www.miit.gov.cn/jgsj/zbys/gzdt/art/2020/art_e77dced493fd494682defa8fd1bac153.html
	22	财政部、工业和信息化部、科技部等	关于调整完善新能源汽车推广应用财政补贴政策的通知	https://www.miit.gov.cn/zwgk/zc-wj/wjfb/zbgy/art/2020/art_2d4ca29e16bc4fe08c5637641948cc38.html
	23	财政部、税务总局、工业和信息化部等	关于节能 新能源车船享受车船税优惠政策的通知	https://www.miit.gov.cn/jgsj/zbys/qcgy/art/2020/art_074425b1dcda4d3e967b40d8314d7e80.html
	24	国务院关税税则委员会	国务院关税税则委员会关于降低汽车整车及零部件进口关税的公告	https://www.miit.gov.cn/xwdt/szyw/art/2020/art_b33071e84a014161963feeb0377257a9.html
	25	财政部、国家税务总局、工业和信息化部	中华人民共和国工业和信息化部 财政部 国家税务总局公告 2018年 第17号	https://www.miit.gov.cn/zwgk/zc-wj/wjfb/gg/art/2020/art_048d190426574cbc868254093f0ea94a.html
基础设施类	26	国家发展改革委、国家能源局	国家发展改革委 国家能源局关于加快推动新型储能发展的指导意见	https://www.ndrc.gov.cn/xxgk/zcfb/ghxwj/202107/t20210723_1291321.html?code=&state=123
	27	国家发展改革委、国家能源局	国家发展改革委 国家能源局关于推进电力源网荷储一体化和多能互补发展的指导意见	https://www.ndrc.gov.cn/xxgk/zcfb/ghxwj/202103/t20210305_1269046.html?code=&state=123

续上表

分类	编号	发文机关	标 题	链 接
基础设施类	28	工业和信息化部	新能源汽车动力蓄电池回收服务网点建设和运营指南	https://www.miit.gov.cn/jgsj/jns/zyjy/art/2020/art_f164aea1faff4cb4bd7aee0044001ce7.html
	29	国家发展改革委、国家能源局、工业和信息化部等	提升新能源汽车充电保障能力行动计划	https://www.ndrc.gov.cn/xxgk/zcfb/tz/201812/t20181210_962336.html?code=&state=123
	30	国家发展改革委、国家能源局	国家发展改革委 国家能源局关于提升电力系统调节能力的指导意见	https://www.ndrc.gov.cn/xxgk/zcfb/tz/201803/t20180323_962694.html?code=&state=123
	31	国家发展改革委、财政部、科学技术部等	关于促进储能技术与产业发展的指导意见	https://www.ndrc.gov.cn/xxgk/zcfb/tz/201710/t20171011_962568.html?code=&state=123

二、标准规范

为了促进电动汽车技术健康有序的发展,我国制定了大量的标准规范,既包括通用标准,也分别针对纯电动汽车、混合动力电动汽车、燃料电池电动汽车制定了标准,此外还对其他部件颁布了相应的标准,主要内容见表1-2。

标 准 及 规 范　　　　　　　　　　表1-2

分类	序号	标 准 号	标 准 名 称	发布日期	实施日期
基础通用	1	GB/T 4094.2—2017	电动汽车操纵件、指示器及信号装置的标志	2017/9/29	2019/7/1
	2	GB/T 18384—2020	电动汽车安全要求	2020/5/12	2021/1/1
	3	GB/T 18387—2017	电动车辆的电磁场发射强度的限值和测量方法	2017/5/12	2017/12/1
	4	GB/T 19596—2017	电动汽车术语	2017/10/14	2018/5/1
	5	GB/T 24548—2009	燃料电池电动汽车术语	2009/10/30	2010/7/1
	6	GB/T 31466—2015	电动汽车高压系统电压等级	2015/5/15	2015/12/1
	7	GB/T 32960.1—2016	电动汽车远程服务与管理系统技术规范 第1部分:总则	2016/8/29	2016/10/1
	8	GB/T 37153—2018	电动汽车低速提示音	2018/12/28	2019/7/1
	9	QC/T 1089—2017	电动汽车再生制动系统要求及试验方法	2017/7/7	2018/1/1
纯电动汽车	10	GB/T 24552—2009	电动汽车风窗玻璃除霜除雾系统的性能要求及试验方法	2009/10/30	2010/7/1
	11	GB/T 18385—2005	电动汽车 动力性能 试验方法	2005/7/3	2005/2/1

续上表

分类	序号	标准号	标准名称	发布日期	实施日期
纯电动汽车	12	GB/T 18386.1—2021	电动汽车 能量消耗率和续驶里程 试验方法	2021/3/9	2021/10/1
	13	GB/T 36980—2018	电动汽车能量消耗率限值	2018/12/28	2019/7/1
	14	GB/T 28382—2012	纯电动乘用车 技术条件	2012/5/11	2012/7/1
	15	QC/T 1087—2017	纯电动城市环卫车技术条件	2017/4/12	2017/10/1
	16	GB/T 34585—2017	纯电动货车 技术条件	2017/10/14	2018/7/1
	17	QC/T 838—2010	超级电容电动城市客车	2010/11/22	2011/3/1
	18	QCT 925—2013	超级电容电动城市客车 定型试验规程	2013/4/25	2013/9/1
	19	GB/T 18388—2005	电动汽车 定型试验规程	2005/5/23	2005/10/1
混合动力电动汽车	20	GB/T 19753—2021	轻型混合动力电动汽车能量消耗量试验方法	2021/3/9	2021/10/1
	21	GB/T 19754—2015	重型混合动力电动汽车能量消耗量试验方法	2015/5/15	2015/10/1
	22	GB/T 19750—2005	混合动力电动汽车 定型试验规程	2005/5/23	2005/10/1
	23	QC/T 894—2011	重型混合动力电动汽车污染物排放车载测量方法	2011/12/20	2012/7/1
	24	GB/T 34598—2017	插电式混合动力商用车 技术条件	2017/10/14	2018/5/1
	25	GB/T 32694—2021	插电式混合动力乘用车 技术条件	2021/3/9	2021/10/1
燃料电池电动汽车	26	GB/T 24549—2020	燃料电池电动汽车 安全要求	2020/9/29	2021/4/1
	27	GB/T 26991—2011	燃料电池电动汽车 最高车速试验方法	2011/9/29	2012/3/1
	28	GB/T 29123—2012	示范运行氢燃料电池电动汽车技术规范	2012/12/31	2013/7/1
	29	GB/T 35178—2017	燃料电池电动汽车 氢气消耗量测量方法	2017/12/29	2018/7/1
	30	GB/T 29124—2012	氢燃料电池电动汽车示范运行配套设施规范	2012/12/31	2013/7/1
	31	GB/T 37154—2018	燃料电池电动汽车 整车氢气排放测试方法	2018/12/28	2019/7/1

续上表

分类	序号	标 准 号	标 准 名 称	发布日期	实施日期
电驱动系统	32	GB/T 36282—2018	电动汽车用驱动电机系统电磁兼容性要求和试验方法	2018/6/7	2019/1/1
	33	QC/T 926—2013	轻型混合动力电动汽车（ISG型）用动力单元可靠性试验方法	2013/4/25	2013/9/1
	34	GB/T 29307—2012	电动汽车用驱动电机系统可靠性试验方法	2012/12/31	2013/6/1
	35	QC/T 896—2011	电动汽车用驱动电机系统接口	2011/12/20	2012/7/1
	36	QC/T 893—2011	电动汽车用驱动电机系统故障分类及判断	2011/12/20	2012/7/1
	37	QC/T 1068—2017	电动汽车用异步驱动电机系统	2017/1/9	2017/7/1
	38	QC/T 1069—2017	电动汽车用永磁同步驱动电机系统	2017/1/9	2017/7/1
	39	GB/T 18488.1—2015	电动汽车用驱动电机系统 第1部分：技术条件	2015/2/4	2015/9/1
	40	GB/T 18488.2—2015	电动汽车用驱动电机系统 第2部分：试验方法	2015/2/4	2015/9/1
	41	QC/T 1086—2017	电动汽车用增程器技术条件	2017/4/12	2017/10/1
	42	QC/T 1022—2015	纯电动乘用车用减速器总成技术条件	2015/10/10	2016/3/1
	43	QC/T 1088—2017	电动汽车用充放电式电机控制器技术条件	2017/4/12	2017/10/1
其他系统及部件	44	GB/T 24347—2009	电动汽车 DC/DC 变换器	2009/9/30	2010/2/1
	45	GB/T 37133—2018	电动汽车用高压大电流线束和连接器技术要求	2018/12/28	2019/7/1
	46	T/ZZB 1710—2020	电动汽车用传导式车载充电机	2020/9/16	2020/9/30
燃料电池系统	47	GB/T 34593—2017	燃料电池发动机氢气排放测试方法	2017/10/14	2018/5/1
	48	GB/T 29126—2012	燃料电池电动汽车 车载氢系统试验方法	2012/12/31	2013/7/1
	49	GB/T 24554—2009	燃料电池发动机性能试验方法	2009/10/30	2010/7/1
	50	GB/T 26990—2011	燃料电池电动汽车 车载氢系统技术条件	2011/9/29	2012/3/1

续上表

分类	序号	标准号	标准名称	发布日期	实施日期
充电系统及接口	51	GB/T 20234.1—2015	电动汽车传导充电用连接装置 第1部分:通用条件	2015/12/28	2016/1/1
	52	GB/T 20234.2—2015	电动汽车传导充电用连接装置 第2部分:交流充电接口	2015/12/28	2016/1/1
	53	GB/T 20234.3—2015	电动汽车传导充电用连接装置 第3部分:直流充电接口	2015/12/28	2016/1/1
	54	QC/T 839—2010	超级电容电动城市客车供电系统	2010/11/22	2011/3/1
	55	GB/T 34657.2—2017	电动汽车充电互操作性测试规范 第2部分:车辆	2017/10/14	2018/5/1
加氢系统及接口	56	GB/T 26779—2021	燃料电池电动汽车 加氢口	2021/3/9	2021/10/1
	57	QC/T 816—2009	加氢车技术条件	2009/11/17	2010/4/1
	58	GB/T 34425—2017	燃料电池电动汽车 加氢枪	2017/10/14	2018/5/1

第二章　纯电动汽车结构与工作原理

第一节　纯电动汽车定义与结构

一、纯电动汽车的定义

纯电动汽车是指驱动能量完全由电能提供的、由电机驱动的汽车。电机的驱动电能来源于车载可充电储能系统或其他能量存储装置。纯电动汽车是在混合动力电动汽车的基础上发展起来的,具有能源利用率高、排放污染小、汽车结构简单、运转传动部件少等优点。

二、纯电动汽车的特点

1. 污染小

纯电动汽车使用电机进行驱动,行驶过程中不产生有害气体,这是纯电动汽车相对传统内燃机车辆的最大优势。尽管纯电动汽车使用的电能在火力发电时存在污染,其能量利用效率仍然高于传统内燃机车辆。同时,电能来源是多样化的,如水能、风能、核能、太阳能等,都可以转化为电能,既改善能源结构降低对石油资源的依赖,又能减少环境污染。

2. 噪声低

城市汽车噪声已经成为普遍的环境污染源,降低噪声污染是汽车行业需要解决的问题之一。纯电动汽车起动、加速、行驶以及制动过程都非常安静,相对传统内燃机车辆难以消除的发动机噪声,其具有天然的优势,更加适用于急需降低噪声污染的城市道路。

3. 效率高

随着电机技术的发展,纯电动汽车的能源利用效率已经超过了传统内燃机车辆。特别是在城市道路中,车辆需要频繁的起动、加速、制动,传统内燃机车辆会产生较高的能耗并排出更多的污染气体,而纯电动汽车在停车过程消耗的电量较低,制动过程还可以回收部分能量,因此高效利用能量的纯电动汽车更适于城市道路。

4. 成本低

纯电动汽车采用电机及蓄电池驱动,结构简单,操作便捷,相较于传统内燃机车辆传动部件较少,无需更换机油、滤芯、油泵等,维护成本较低。纯电动汽车只需定期检查电机、蓄电池等组件即可。

三、纯电动汽车的结构

传统内燃机车辆通常由发动机、底盘、车身和电气设备四大部分组成。纯电动汽车无需发动机,根据驱动及能源供给方式增加了电驱动系统和电源系统等。因此,纯电动汽车通常由电驱动系统、电源系统、辅助系统和整车控制系统组成。图 2-1 所示为纯电动汽车的一般基本结构,包括电驱动系统、电源系统、辅助系统三部分,整车控制系统将在第五章详细介绍。

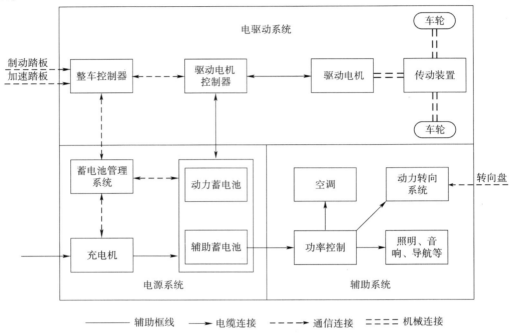

图 2-1　纯电动汽车基本结构

1. 电驱动系统

电驱动系统是纯电动汽车的核心,也是纯电动汽车区别于内燃机汽车的根本。一般的电驱动系统包括驱动电机控制器、变换器、驱动电机、机械传动装置以及车轮等部件。电驱动系统主要将动力蓄电池储存的电能高效转化为机械能,通过机械传动装置驱动车轮运行,并能在制动或下坡时实现能量回收。

电驱动系统的核心部件是驱动电机,可以根据需求将电能转换成机械能或将机械能转换成电能,是一种依靠电磁感应而运行的电气装置。电机类型较多,首先按照工作电源可分为直流电机和交流电机,再按结构和工作原理可进一步分类,具体分类见第七章。永磁同步电机结构简单、可靠性高,在电动汽车行业得到广泛应用。

图 2-2 所示为采用永磁同步电机的驱动系统基本结构。动力蓄电池输出的直流电压经过逆变器转化为交流电压,供驱动电机使用,实现了从电能到机械能的转换。

变换器也是驱动系统的重要组成部分,它使电气系统的一个或多个特性(电压、电流、波形、相数、频率)发生变化,在电驱动系统中提供合适稳定的电压供电动机使用。变换器一般有逆变器、整流器、斩波器等。逆变器是将直流电转换为交流电的变换器。整流器是将交流电转换为直流电的变换器。斩波器是将输入的直流电压以一定的频率通断,从而改变输出的平均电压的变换器。DC/DC 变换器是电驱动系统中常见的斩波器,可以将某一直流电源电压转换成任意直流电压。

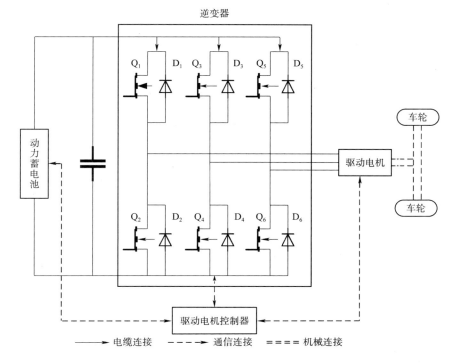

图 2-2 采用永磁同步电机的驱动系统基本结构

2. 车载电源系统

车载电源系统向驱动系统提供能源,一般是由蓄电池、蓄电池管理系统以及充电机三部分组成。

蓄电池是将所获得的电能以化学能形式存储并可以将化学能转变为电能的电化学装置,可以重复充电和放电。纯电动汽车的蓄电池包括动力蓄电池和辅助蓄电池等。动力蓄电池储存能量,为动力系统提供能量。辅助蓄电池为低压辅助系统供电。蓄电池需要外部能源补充电量,在满足车辆装载质量要求的前提下,蓄电池容量越大,理论上续航里程越长。蓄电池使用寿命受充电质量影响较大,进而影响电动汽车的使用和维护成本。目前纯电动汽车使用锂离子蓄电池较多。

蓄电池管理系统监视蓄电池的状态(温度、电压、荷电状态等),可以为蓄电池提供通信、安全、电芯均衡及管理控制,并提供与应用设备通信接口。

充电机是控制和调整蓄电池充电的电能转换装置。根据充电机是否安装在车上分为车载充电机和非车载充电机两类。

1) 车载充电机

车载充电机固定地安装在车上,一般在紧急情况下使用。车载充电机通过连接外部交流电源,将交流电转换后供蓄电池充电使用,车载充电机受到车辆物理空间和装载重量的限制,功率一般较小(3~5kW)。

2) 非车载充电机

由于充电使用场景不同,非车载充电器的原理、模式、功率以及体积质量等与车载充电器相差较大。非车载充电机所有部件均不安装在车上，常见的家用或者公共充电桩即为非车载充电机。非车载充电机一般将单相或者三相交流电转换为稳定的高质量直流电，在充电控制器的管理下，实现纯电动汽车蓄电池的安全高效充电过程。

3. 辅助系统

辅助系统是指驱动系统以外的用电或采用电能操纵的车载系统。辅助系统一般由辅助功率控制、动力转向系统、空调、照明、音响及导航等部件组成。辅助系统从电源系统获取电能向空调、动力转向系统等辅助设备提供能量。

第二节　纯电动汽车关键技术指标

一、蓄电池技术

动力蓄电池技术是纯电动汽车的核心技术之一，是制约纯电动汽车发展的核心问题。动力蓄电池的主要性能指标有能量密度、功率密度、使用寿命、充电效率等。具备高能量密度、高功率密度、长使用寿命、高充电效率的动力蓄电池，是纯电动汽车超越内燃机汽车的关键。

动力蓄电池最初以铅酸蓄电池为主，已经有一定应用规模，具有价格较低、能量密度较高的特点；随着技术发展，出现了碱性蓄电池，它是一种具有更高能量密度和功率密度的蓄电池，对纯电动汽车动力性能以及续航里程的提升具有重要作用。此外，纯电动汽车动力蓄电池的设计也需要从多个方面综合考虑，如绝缘、防水、防尘以及散热通风等。

根据《新能源汽车产业发展规划（2021—2035年）》，我国将重点研发蓄电池正负极材料、电解液、隔膜、膜电极等，突破高强度、轻量化、高安全、低成本、长寿命的动力蓄电池和燃料电池系统短板技术，从而提升产业基础能力。

二、驱动电机及电机控制技术

驱动电机是纯电动汽车的核心部件，高性能的驱动电机具备转速高、调速范围宽、过载能力强、瞬时功率大等优势，高效高密度驱动电机系统是未来研发目标。

1. 电机

纯电动汽车驱动电机类型较多，按照工作电源分为直流电源和交流电源两种，再根据电机结构和工作原理可以进一步分类。常用的有以下几种。

1）直流电机

直流电机根据是否设置电刷又分为有刷直流电机和无刷直流电机。有电刷的直流电机根据主磁场的励磁形式又细分为串励直流电机、并励直流电机和复励直流电机。直流电机原理简单，但结构相对复杂，且有刷直流电机的电刷与换向器存在摩擦，特别是电刷高速旋转时会产生火花，导致其故障率较高、寿命较短，无刷直流电机在一定程度上克服了这些不足。早期的纯电动汽车中较多使用直流电机。

2）交流电机

欧美国家的纯电动汽车中较多应用交流感应电机。交流感应电机的结构比较简单，大功率需求环境下相较于直流电机具备较高的输出性能。交流电机根据旋转原理分为同步电机、异步电机、开关磁阻电机等。

（1）永磁同步电机。永磁同步电机转子采用永磁材料励磁，主要优点是能量密度高、惯性低、响应快。国内纯电动汽车应用市场应用永磁同步电机较多。

（2）开关磁阻电机。开关磁阻电机采用定转子凸极且极数相接近的大步距磁阻式步进电机的结构，利用转子位置传感器通过电子功率开关控制各相绕组导通使之运行。开关磁阻电机体积和噪声均比较大，并且控制要求较高，在纯电动汽车领域实际应用较少。

2. 驱动电机控制技术

驱动电机按照驱动形式不同，可以分为集中式驱动和分布式驱动两种。

1）集中式驱动

集中式驱动的特点是采用驱动电机及辅助部件取代了传统内燃机车辆的发动机部件。这种驱动方的相关技术比较成熟，缺点是机械传动方式效率不高。

2）分布式驱动

分布式驱动包括驱动电机与减速器组合驱动型式、轮边电机或轮毂电机驱动型式两种。分布式驱动的特点是没有复杂的传动装置，可以单独控制每个车轮的驱动转矩。以轮毂电机驱动型式为例，由于没有传动过程的能量损失，效率得到了较大提高，不过也存在电机散热难度大、控制复杂度高的缺点。

纯电动汽车整体动力性能以及车辆运行的安全可靠均和驱动电机控制技术直接相关。目前常见的驱动电机控制技术包括了电压控制方式、电流控制方式、频率控制方式和矢量控制（PWM控制、转矩控制、转速控制、功率控制）等方式。此外，自动化领域和人工智能领域的控制算法不断应用于驱动电机控制中，如神经网络、自适应控制等。

再生制动控制技术是通过驱动电机由电动状态转换为发电状态，将行驶中车辆的动能转换为电能回收至车载储能装置而实现对车速控制的控制方式。该技术的应用能够提高电动汽车的续航能力并节约能源。通过再生制动技术还可以降低制动片磨损消耗和制动事故率。

三、能量管理技术

蓄电池性能指标是纯电动汽车整车性能的好坏的核心，蓄电池管理系统发挥了重要作用。蓄电池管理系统保障车辆动力需求，通过先进的管理技术提升能源利用效率、延长车辆续航里程。

蓄电池管理系统监视蓄电池的状态（温度、电压、荷电状态等），可以为蓄电池提供通信、安全、电芯均衡及管理控制，并提供与应用设备通信接口。荷电状态（State-of-Charge，SOC）是蓄电池中按照规定放电条件可以释放的容量占可用容量的百分比。动力蓄电池处于较低荷电状态时，无法输出驱动电机需求的功率；动力蓄电池处于较高荷电状态时，再生制动会产生过充现象损伤动力蓄电池。准确估计荷电状态能保证SOC在合适的范围内，防止过充电或者过放电导致的电池损伤，是能量管理技术的关键基础。

蓄电池管理系统实时动态监测蓄电池组温度、电压、电流等，调节电池组的热平衡，实现蓄电池组均衡充放电，保证蓄电池组运行的可靠性和高效性。当蓄电池发生不同等级的故障时,管理系统通过预设的控制策略进行处理,保障车辆的行车安全。

此外,高压安全技术也是一项重要的能量管理技术。纯电动汽车的高压电在400V左右,对驾驶人及乘客均存在较大的风险。高压安全技术通过合理设计高压控制电路,实现对高压系统运行状态的精确监控,并与整车运行状态进行协同,从而保障纯电动汽车使用安全。

根据《新能源汽车产业发展规划(2021—2035年)》,动力蓄电池回收、梯级利用和再资源化的循环利用,是未来重点需要解决的电池管理技术问题。同时健全动力蓄电池运输仓储、维修、安全检验、退役退出、回收利用等环节管理制度,加强全生命周期监管,形成动力蓄电池高效循环利用体系。

四、整车轻量化技术

整车质量是限制纯电动汽车续航里程的重要因素。纯电动汽车的轻量化技术是提升纯电动汽车性能指标的重要技术之一。常见的整车轻量化技术包括以下几个方面。

1. 优化整车及部件结构

优化车身、底盘及部件(前桥、后桥、横梁以及内饰)等的结构,降低车辆质量。对电机、传动系统及冷却系统等进行模块化设计,降低动力总成和车载能源的重量。

2. 适配蓄电池和驱动电机

结合实际运行工况分析车载蓄电池的容量、电压以及驱动电机的功率、转速等,在满足车辆正常运行的前提下合理选择蓄电池和驱动电机,减轻蓄电池和驱动电机的质量。此外,对蓄电池、驱动电机进行集成或分散设计,进一步降低质量。

3. 选择轻质材料和工艺

采用高强度、轻质化材料,如汽车轮毂、车载蓄电池箱框架可使用轻质合金材料,汽车车身、悬架、制动片等零部件使用复合材料,从而减轻汽车车身质量。另外,改进材料加工工艺也可以提升材料强度、降低材料质量。

五、整车控制技术

纯电动汽车的整车控制技术对车辆各个系统的综合控制,将纯电动汽车各个控制系统进一步协同优化,也是近年来纯电动汽车的核心竞争技术之一。

纯电动汽车的整车控制系统对车辆运行中的各个环节进行监视和控制,相对于传统内燃机车辆的发动机管理系统,前者以增加续航里程、优化能量分配为目标,而后者以保障燃油的经济性和驱动性能为目标。

纯电动汽车的整车控制系统根据车辆实际运行工况,利用车内通信链路,实现各个控制子系统之间的实时通信及协调控制,主要功能包括以下几个方面:

(1)根据纯电动汽车实际运行工况,协同控制各个子控制器,改善整车控制性能指标;

(2)根据驾驶人的操控动作识别驾驶意图,执行相应的控制策略,提高驱动、再生制动运行效率;

(3)协调驱动电机和蓄电池管理系统,针对不同的荷电状态和实际工况执行动力蓄电池的安全性运行保障功能;

第二章 纯电动汽车结构与工作原理

(4) 整车漏电检测、高压防护等保障及故障诊断功能。

纯电动汽车的整车控制系统可以用来衡量整车控制性能及功能等级。纯电动汽车整车控制系统功能是否完备直接了影响纯电动汽车整车控制效果。根据《新能源汽车产业发展规划(2021—2035年)》,坚持电动化、网联化、智能化发展方向,纯电动汽车作为智能网联技术率先应用的载体,整车控制系统将与智能网联技术充分融合,集中开发车用操作系统,构建整车、关键零部件、基础数据与软件等领域市场主体深度合作的开发与应用生态。

第三节 纯电动汽车典型车型

一、纯电动汽车典型车型

纯电动汽车按照车辆驱动形式、车载电源数及用途有多种分类方式。

1. 按驱动形式分类

1) 第一类:机械传动型

图2-3a)所示为机械传动型电动汽车的基本结构,该类型电动汽车与内燃机汽车的传动系统类似,一般具有前置的发动机和后轮驱动的特点。区别在于将内燃机及相关部件替换为驱动电机及辅助部件。该结构对驱动电机要求较低,适用于小功率驱动电机的情况。

2) 第二类:无变速器型

图2-3b)、图2-3c)所示为无变速器型电动汽车的基本结构。图2-3c)所示类型应用了固定速比减速器,该类型通过对电机的控制实现车辆的变速功能。该结构要求驱动电机的起动转矩较高、后备功率较大,才能够保障车辆在各种工况下的动力性能。该类型具备传动装置质量轻、体积小的优点。

3) 第三类:无差速器型

图2-3d)所示为无差速器型的电动汽车的基本结构。该类型配备了两台驱动电机,通过固定速比减速器控制左右两台驱动电机独立驱动左右车轮。该类型驱动电机控制系统相对复杂,但是在车辆转向等工况下具备优势。

4) 第四类:电动轮型

图2-3e)、图2-3f)所示为电动轮型电动汽车的基本结构。其中图2-3e)是轮毂电机类型,其在驱动轮内安装驱动电机;图2-3f)在前述轮毂电机类型的基础上进行了改进,将驱动电机的外转子安装到驱动轮上,避免了机械传动中的能量损失。图2-3f)所示类型没有机械传动过程的能量损失,具有较高的能量传递效率。

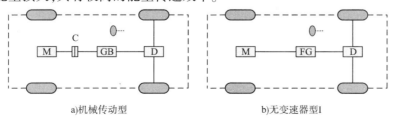

a) 机械传动型   b) 无变速器型I

图 2-3

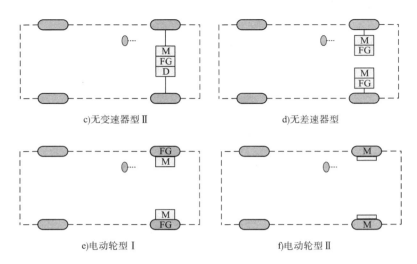

图 2-3 按照驱动形式不同分类

M-驱动电机；C-离合器；GB-变速器；D-差速器；FG-固定速比减速器

2. 按车载电源数量分类

1）第一类：单电源型

单电源型电动汽车一般使用铅酸蓄电池等蓄电池。单电源型的优点是车辆结构简单、控制要求较低；缺点是电池性能显著影响主电源的瞬时输出功率，同时电池的最大电流等参数制约车辆制动过程中的能量回收效率。

2）第二类：多电源型

多电源型电动汽车的电源系统由多块蓄电池及蓄能装置共同组成。该类型对单块电池功率密度、容量等指标要求较低。当车辆需要较大功率时，辅助蓄能装置可以实现短时大功率输出，辅助蓄能装置还能调整可接受电流值提升制动能量回收效率。

3. 按用途分类

1）纯电动轿车

纯电动轿车座位一般不超过 9 个，主要用于载人，是常见的纯电动汽车，如图 2-4、图 2-5 所示。目前，多种型号纯电动轿车已经开始量产，占据了一定的市场份额。

图 2-4 纯电动轿车示例——卡罗拉 2021

2）纯电动货车

纯电动货车主要用于运输货物，相较于纯电动轿车并不常见，目前投入使用的纯电动货车多运行在矿场等特殊作业区域，如图 2-6 所示。

图 2-5　纯电动轿车示例——特斯拉 Model 3

图 2-6　纯电动货车示例

3）纯电动客车

纯电动客车座位一般为 9 个以上，包括纯电动公共汽车、纯电动客运汽车、纯电动旅游客车等。纯电动旅游客车主要在科技园、各类博览会中作为示范项目运行，纯电动公交车也已经投入到城市公共交通运营之中，如图 2-7 所示。

图 2-7　纯电动客车示例——宇通 E12

4）纯电动微型汽车

纯电动微型汽车具有载客、载货及其他多种用途，如图 2-8 所示。这种纯电动汽车的特点是体积小、时速低、行驶里程较短、成本低，一般最高车速在 50~60km/h，主要适用于封闭园区等慢速交通场景。

a)电动高尔夫球车　　　　　　b)电动巡逻车　　　　　　c)电动观光车

d)电动货车　　　　　　e)电动垃圾回收车　　　　　　f)电动工程作业车

图 2-8　纯电动微型汽车示例

二、典型纯电动汽车

特斯拉 Model 3 是特斯拉 Model X 系列的产品,如图 2-9 所示。其于北京时间 2016 年 4 月 1 日 11 点 30 分在美国发布,2019 年 12 月 30 日上午,特斯拉在上海临港超级工厂交付了首批国产 Model 3,在 2020 年中国新能源乘用车车型销量排行榜中以 13.7 万辆排名第一位。特斯拉 Model 3 基本参数见表 2-1。

图 2-9　特斯拉 Model 3 车身架构

Model 3 Performace 高性能版基本参数　　表 2-1

名　称	说　明	名　称	说　明
整车质量	1835kg	百公里加速时间	3.3s
存储空间	649L	最高时速	261km/h
标准里程	605km	驱动系统	双驱动电机全轮驱动
电池类型	三元锂电池	轮毂	19in
快充时间	1h	最大功率	357kW
慢充时间	10h	—	—

Model 3 Performance 高性能版搭载双驱动电机全轮驱动,如图 2-10 所示,实现对牵引力

和转矩的全天候精准控制。19 in 零重力高性能轮毂和高级制动系统,悬架更低,在绝大部分天气条件下都拥有极佳的操控体验。碳纤维扰流板可提升高速行驶时的稳定性,使 Model 3 的百公里加速最快仅需 3.3s,而通过操控性与空气动力的提升,Model 3 的最高时速可达 261km/h。

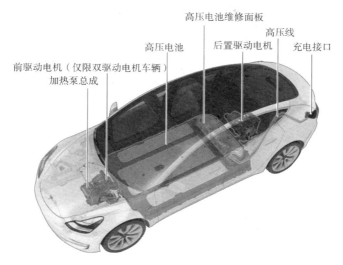

图 2-10　特斯拉 Model 3 高压部件

特斯拉全轮驱动车型搭载两台独立驱动电机以提升冗余度,每台驱动电机只有一个活动部件,耐用性高且易于维护。与传统的全轮驱动系统不同,两台独立式驱动电机可精准地分配前后轮转矩,两个驱动电机的转矩切换响应时间仅需 10ms,使得操控性和牵引力控制更为出色。

Model 3 作为一款纯电动车,单次充电续航里程最高可达 605km,在超级充电站充电 15min 即可补充最多约 279km 的续航电量。同时,长途驾驶时,可通过公共充电站或特斯拉充电网络补充电量,特斯拉超级充电站如图 2-11 所示。

图 2-11　特斯拉超级充电站

此外,Model 3 搭载了 Autopilot 辅助驾驶系统,车辆能够根据其他车辆与行人在行驶车道内自动辅助实施转向、加速和制动。完全自动驾驶能力套件则更为强大,并可通过软件更新不断完善现有功能及引入新功能,主要包括以下几个方面:

(1)自动辅助导航驾驶:自动驶入和驶出高速公路匝道或立交桥岔路口,如图 2-12 所示;在高速公路上自动辅助变换车道,如图2-13所示。

图2-12 自动驶入驶出高速公路功能

图2-13 自动辅助变换车道功能

(2)"召唤"功能:自动驶入驶出车位,听候"召唤",如图2-14所示。

图2-14 "召唤"功能

(3)自动泊车功能:一键式自动平行泊车或垂直泊车,如图2-15所示。

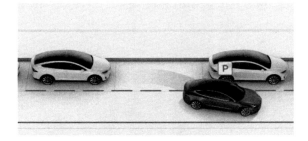

图2-15 自动泊车功能

第三章 混合动力电动汽车结构与工作原理

第一节 混合动力电动汽车定义与结构

一、混合动力电动汽车的定义

混合动力电动汽车指的是能够至少从可消耗的燃料或可再充电能/能量储存装置两类车载储存的能量中获得动力的汽车。混合动力电动汽车在不同的工况下可以使用一种或多种动力源协同工作,起到节能环保、提高整车效能的作用。

二、混合动力电动汽车的类型及结构

混合动力电动汽车按照动力系统结构型式分为串联式、并联式和混联式混合动力电动汽车三种类型。

1. 串联式混合动力电动汽车基本结构

串联式混合动力电动汽车的驱动力只来源于驱动电机,图 3-1 所示为其基本结构。整车控制系统由整车控制器、驱动电机控制器、蓄电池管理系统等组成。整车控制系统接收驾驶人的控制指令,依据系统内置的控制策略,通过驱动电机控制器驱动车辆按照驾驶人意图行驶。

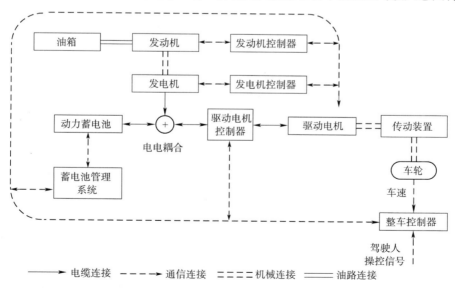

图 3-1 串联式混合动力电动汽车基本结构

串联式混合动力电动汽车的工作模式有四种:纯电驱动、纯发动机驱动、混合驱动和再生制动模式。如图 3-2 所示,车辆起步时,由动力蓄电池驱动;随着功率的上升,车辆逐步由蓄电池组和发动机—发电机组混合驱动,发动机—发电机组不足的驱动功率由动力蓄电池提供;车辆正常行驶时,由发动机—发电机组驱动车辆行驶,若蓄电池电量不足,还需要同时为其充电;车辆减速过程中,发动机—发电机组关闭,由动力蓄电池驱动车辆行驶;车辆制动过程中,车辆回收制动能量为动力蓄电池充电。

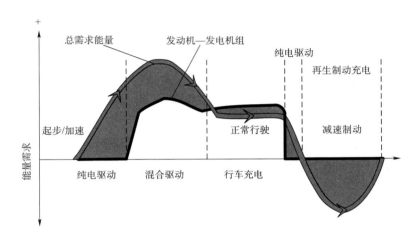

图 3-2 串联式混合动力电动汽车工作过程

2. 并联式混合动力电动汽车基本结构

并联式混合动力电动汽车驱动力由电机及发动机同时或单独供给,图 3-3 所示为其基本结构。常见的并联式混合动力系统运行模式有以下几种。

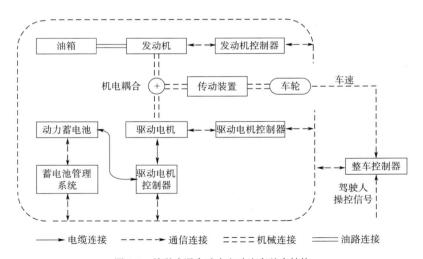

图 3-3 并联式混合动力电动汽车基本结构

1)起动/加速模式

车辆起动或节气门全开加速时,车辆需求功率较大,发动机和电动机同时工作,共同分担驱动车辆所需的动力。

2）正常行驶模式

车辆正常行驶时，仅由发动机提供车辆所需动力，驱动电机处于关闭状态。

3）减速/制动模式

车辆减速行驶或制动时，驱动电机处于发电机工作模式进行再生制动，可以将部分制动能量存储在动力蓄电池中。

4）行车充电模式

当发动机输出功率大于驱动车辆行驶所需的功率时，驱动电机处于发电机工作模式，发动机输出的富余功率驱动驱动电机发电向蓄电池充电。

3. 优势比较

并联式混合动力电动汽车与串联式混合动力电动汽车相比，具有两方面的优势：

（1）并联式结构减少了能量转换次数，降低了转换过程中的能量损失；

（2）并联式结构允许电动汽车使用功率较小的发动机和驱动电机。

并联式混合动力结构也存在一些不足。例如，发动机与驱动轮之间的机械传动设计无法保障发动机在高效状态持续工作。

4. 混联式混合动力电动汽车基本结构

混联式混合动力电动汽车同时具有串联式和并联式驱动方式，图 3-4 所示为其基本结构。

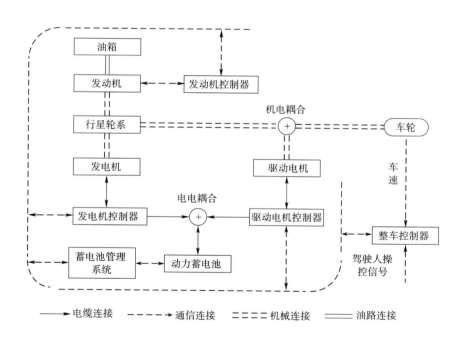

图 3-4　混联式混合动力电动汽车基本结构

混联式混合动力电动汽车工作模式有两种：发动机主动型，车辆主要由发动机驱动；驱动电机主动型，车辆主要由驱动电机驱动。混联式混合动力结构既有串联式电耦合特点，也有并联式机电耦合的特点，兼具二者优势，但对于结构设计和制造工艺要求高，控制技术复杂，成本较高。

第二节　混合动力电动汽车控制策略

混合动力电动汽车控制策略主要考虑以下因素:优化发动机的工作点;降低发动机的开关频率和最低转速,保障发动机的工作状态;维持蓄电池的最佳电压及容量状态;优化发动机和驱动电机的协作模式,优化功率分担比例。

一、串联式混合动力电动汽车控制策略

电动汽车发展过程中一直面临着续航里程有限、自重大和充电时间长等难题,串联式混合动力电动汽车在此背景下产生,旨在通过添加一个发动机—发电机组为车载动力蓄电池充电。

如前所述,串联式混合动力驱动系统(图 3-1)装备了发动机—发电机组,用来辅助驱动电机运行。该系统的驱动电机控制器用于控制驱动电机运行,负责提供车辆运行所需动力。

该系统中发动机—发电机与车轮机械分离,便于控制发动机在高效率作业区间稳定运行,实现发动机最佳运行状态,降低发动机的能量消耗以及排放,如图 3-5 所示。

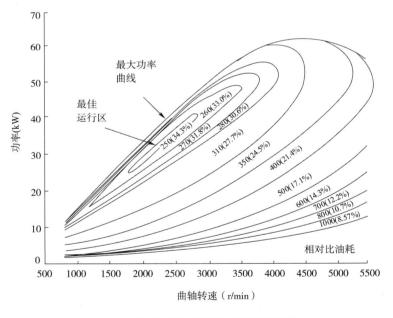

图 3-5　发动机特性及其最佳运行区的实例

图 3-6 所示为串联式混合动力电动汽车主要的四种工作模式:①车辆起动/加速以及正常行驶,发动机和动力蓄电池共同驱动车辆;②车辆轻载,发动机驱动车辆并给动力蓄电池充电;③车辆减速或制动,驱动电机将车辆动能转化为电能给动力蓄电池充电;④车辆制动充电。

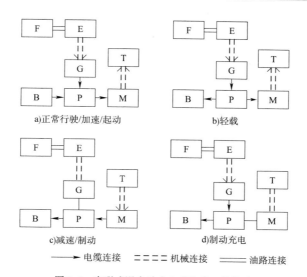

图 3-6 串联式混合动力电动汽车工作模式

B-动力蓄电池；E-内燃机；F-油箱；G-发电机；M-驱动电机；P-转换器；T-传动装置

最常见的两种控制策略：峰值电源最大荷电状态的控制策略、发动机开/关或恒温控制策略。

1. 峰值电源最大荷电状态控制策略

图 3-7 为峰值电源最大荷电状态的控制策略示意图。图中 P_{d-a}，P_{d-b} 表示驱动需求功率，P_{b-c}、P_{b-d} 表示制动需求功率，P_p 表示峰值电源功率，P_{p-max} 表示峰值电源最大功率，P_e 表示发动机—发电机组功率，P_{e-max} 表示全载荷下发动机—发电机组功率，P_r 表示再生制动功率，P_{r-max} 表示最大再生制动功率。在 a 点 $P_{d-a} > P_{e-max}$，需要峰值电源提供功率；$P_{d-b} < P_{e-max}$，发动机—发电机组富余功率可以视情况为峰值电源充电；$P_{b-c} > P_{r-max}$，再生制动无法满足制动需求，需要混合制动；$P_{b-d} < P_{r-max}$，执行再生制动模式即可。该策略满足车辆行驶的功率需求时，将峰值电源荷电状态保持在一定水平。该控制策略中，峰值电源是电动汽车的辅助动力源，作用是协助主动力源输出功率。

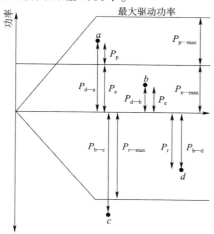

图 3-7 峰值电源最大荷电状态的控制

2. 发动机开/关或恒温控制策略

峰值电源最大荷电状态控制的作用是将荷电状态保持在较高水平,但是车辆行驶在某些工况下时,会降低驱动系统效率。此时,可以使用发动机开/关或恒温控制策略优化车辆运行状态,使发动机保持在最佳工作效率区间。发动机开/关或恒温控制策略的原理如图3-8所示。

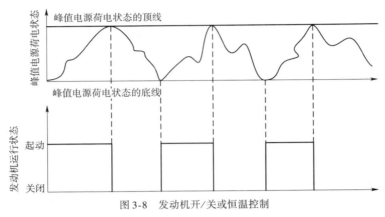

图3-8 发动机开/关或恒温控制

二、并联式混合动力电动汽车控制策略

并联式混合动力电动汽车可由发动机和驱动电机单独或联合驱动行驶,发动机侧不需要驱动电机,减少了设备空间,避免了功率的多次转换。但是存在驱动轮与发动机之间的机械耦合,其驱动系统控制更加复杂。

图3-9所示为并联式混合动力电动汽车常见的运行模式:①起动及加速时,发动机和驱动电机共同驱动车辆;②正常行驶时,仅由发动机驱动车辆;③制动或减速时,驱动电机反转给动力蓄电池充电;④行驶中充电时,车辆处于轻载工况,发动机的富余功率给动力蓄电池充电。

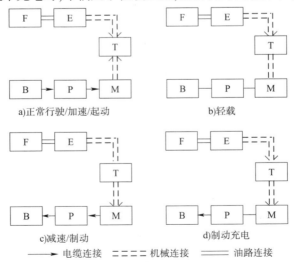

图3-9 并联式混合动力电动汽车的运行模式
B-动力蓄电池;E-内燃机;F-油箱;M-驱动电机;P-转换器;T-传动装置

并联系混合动力电动汽车最常见的两种控制策略:峰值电源最大荷电状态控制策略、发动机开/关或恒温控制策略。

1. 峰值电源最大荷电状态控制策略

车辆频繁处于制动、起动的过程中时,需要保持峰值电源处于高荷电状态,就要采用峰值电源最大荷电状态控制策略,如图 3-10 所示。图中 P_{e-m} 是发动机的最佳运行功率,其他参数含义同图 3-7。

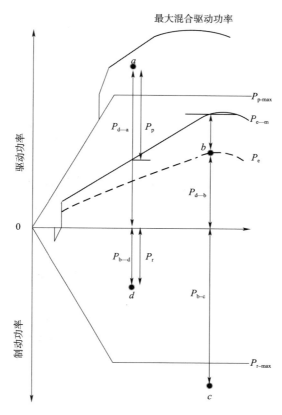

图 3-10 峰值电源最大荷电状态的控制

2. 发动机开/关控制策略

在低速和低加速的行驶工况下,可以使用发动机开/关的控制策略。可以通过峰值电源电荷状态对发动机进行控制。当荷电状态最大时,车辆由电动机单独驱动,发动机处于关闭状态;当荷电状态最小时,则起动发动机,车辆进入峰值电源最大荷电状态的控制模式。

三、混联式混合动力电动汽车控制策略

混联式混合动力电动汽车兼具串联式和并联式的特点,具有多种不同的结构设计和控制模式。其中,最常见的控制模式为驱动机主动型和发动机主动型控制模式两类。

图 3-11 所示为几种发动机主动型控制模式。①起动状态,蓄电池驱动车辆;②加速状态,发动机和驱动电机共同驱动车辆;③行驶状态,发动机驱动车辆;④减速/制动状态,驱动

电机给蓄电池充电;⑤行驶中充电状态,发动机驱动车辆的同时,将部分富余功率给蓄电池充电;⑥制动充电状态。

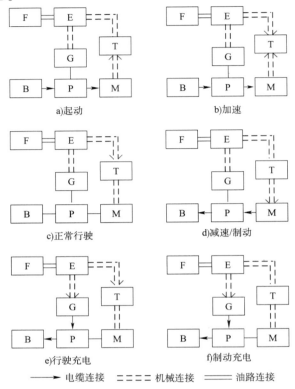

图 3-11　发动机主动型运行模式

B-动力蓄电池;E-内燃机;F-油箱;G-发电机;M-驱动电机;P-转换器;T-传动装置

混联式混合动力电动汽车的控制对象包括发动机转速、转矩和再生制动控制等。发动机转速和转矩可以完全解耦,这是混联式混合动力电动汽车的主要特点。多种运行模式对提升运行效率和降低排放具有重要意义,但同时需要更加复杂和高效的控制策略。

第三节　混合动力电动汽车关键技术及指标

一、混合动力电动汽车的关键技术

混合动力电动汽车涉及新能源、自动控制、电力拖动等多个领域的产品及技术,主要包含蓄电池、驱动电机、能量控制、电源管理等关键技术。

1. 蓄电池技术

动力蓄电池是混合动力电动汽车的基本部件,直接影响驱动电机性能、整车燃油经济性能、排放性能。动力蓄电池承担较大的工作负荷,需要具备较高的功率密度,还要回收再生制动能量并存储起来,因此对动力蓄电池的荷电状态工作区间以及使用寿命均提出了较高的要求。

2.驱动电机控制技术

混合动力电动汽车可由发动机和驱动电机单独或联合驱动运行。合理的匹配电动机功率、动力电池容量及发动机功率能够提升驱动系统运行效率。对于驱动电机而言,要求运行稳定、体积小、重量轻、能量密度高、功率密度高。常用的电机包括永磁同步电机、交流感应电机、开关磁阻电机等。目前技术研究更关注交流感应电机和永磁同步电机,交流感应电机适合高速匀速行驶工况,永磁同步电机适合起动、制动、低速运行频繁切换的城市道路行驶工况。在驱动电机控制技术方面,硬件包括大功率电子器件、转换器、微处理器等,控制算法涉及自动控制领域和人工智能领域的多种算法,例如矢量控制、自调整控制、神经网络控制等。

3.整车能量控制技术

整车能量控制的核心是整车功率控制和各类工作模式的切换管理。根据驾驶人的操作判断驾驶意图,分配发动机、驱动电机以及动力蓄电池等动力部件的功率输出,实现最优能量利用率,达到效率、排放和动力性能的最佳匹配。科学融合车辆动力学控制系统、混合动力控制系统以及能量控制系统,将使混合动力电动汽车更加节能、舒适和安全。

4.再生制动能量回收技术

再生制动能量回收技术能够提高能量利用效率。但是再生制动回收能量会影响车辆制动的实时性和有效性。因此协调再生制动能量回收与安全制动,是再生制动能量回收技术的难题。

二、混合动力电动汽车的主要技术指标

表3-1为混合动力电动汽车主要技术指标表,包括了动力蓄电池、驱动电机、整车平台等多项内容。

混合动力电动汽车主要技术指标　　　　　　表3-1

项　目	指　标	轿　车	客　车
动力蓄电池	能量密度(W·h/kg)	系统≥100	
	循环寿命(次)	≥3000	
	日历寿命(年)	≥10	
	目标成本[元/(W·h)]	模块≤1.5	
驱动电机	成本[元/(W·h)]	≤200	≤300
	功率密度(kW/kg)	≥1.8	
	最高效率(%)	≥94	
整车平台	最高车速	与传统汽车相当	
	纯电续驶里程(km)	≥30	≥50
	附加成本	≤5万	≤20万

表3-2为我国混合动力电动汽车产业化研究提出的主要技术指标表,主要包括动力蓄电池和驱动电机两部分的内容。

混合动力电动汽车主要技术指标　　　　　表 3-2

项目	类型	指标	轿车	城市客车
动力蓄电池	镍氢电池	能量密度(W·h/kg)	系统≥30	系统≥40
		功率密度(W·h/kg)	系统≥900	系统≥700
		使用寿命	25万km 或 10 年	
		系统目标成本[元/(W·h)]	<3	
	功率型锂离子电池	能量密度(W·h/kg)	≥50(系统)	
		功率密度(W·h/kg)	≥1800(系统)	
		使用寿命	20万km 或 10 年	
		系统目标成本[元/(W·h)]	<3	
	超级电容	能量密度(W·h/kg)	≥5	
		功率密度(W·h/kg)	≥4000	
		使用寿命	≥40万次或10年	
		系统目标成本[元/(W·h)]	<60	
驱动电机	—	成本[元/(W·h)]	200	300
		ISG发电机功率密度(kW/kg)	>1.5	>2.7
		驱动电机功率密度(kW/kg)	>1.2	>1.8
		系统最高效率(%)	≥94	

三、典型的混合动力电动汽车

1. 雷克萨斯混合动力电动汽车(NX300h)

NX300h(图 3-12)可以智能切换车辆的动力模式,保障车辆始终处于最佳电量工作区间,提高整车的能源利用效率并且减低排放污染。

图 3-12　雷克萨斯电动汽车(NX300h)

NX300h 的动力系统包括 2.5L 阿特金森循环自然吸气汽油发动机、两台永磁同步电机、电控无极变速器、镍氢电池组、能量控制单元等部件。该发动机的优缺点都比较明显(表 3-3)。

阿特金森循环自然吸气汽油发动机　　　　　　　表 3-3

优　点	缺　点
热效率高、油耗低	最佳工作区间窄
	连杆结构复杂

2. 比亚迪 F3DM 混合动力电动汽车

比亚迪 F3DM 混合动力电动汽车包括了两种运行模式,一种是电动汽车模式,另一种是混合动力模式。比亚迪 F3DM 配置了全铝汽油发动机(371QA)和两台永磁同步电机来驱动车辆运行。其中主驱动电机功率为 50kW、副驱动电机功率为 25kW,总功率达到了 125kW。

图 3-13 和图 3-14 所示为比亚迪 F3DM 的四种工作状态。中低速工况下,采用动力蓄电池供电独立驱动;在制动减速工况下,运行再生制动能量回收模式;当动力蓄电池电量低于 20% 时,起动发动机驱动车辆行驶,同时为动力蓄电池充电;在高速或急加速工况下,发动机和驱动电机将协同工作,提供足够的输出功率。

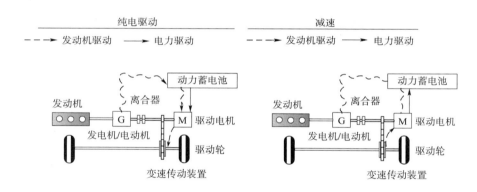

图 3-13　F3DM 纯电动工况和减速工况

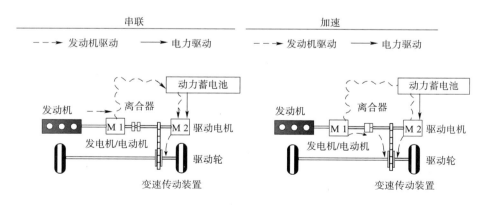

图 3-14　F3DM 串联工况和加速工况

F3DM 的电机参数见表 3-4 所示,蓄电池参数见表 3-5,车辆能耗及充电参数见表 3-6。

F3DM 车辆 M2 电动机参数(单位:kW) 表3-4

名　称	说　明	名　称	说　明
型号	F3DMB-2103	最大功率	50
额定功率	37	—	—

F3DM 车辆电池参数 表3-5

名　称	说　明	名　称	说　明
类型	磷酸铁钴锂电池	容量(A·h)	45
型号	FADM07309	单体电池标称电压(V)	3.3
标称电压(V)	330	—	—

F3DM 车辆能耗及充电参数 表3-6

名　称	说　明	名　称	说　明
标称百千米能耗(度)	16	50%快充时间(min)	10
巡航里程(50km/h时)(km)	100	100%慢充时间(h)	9

F3DM 在纯电动与混合动力模式下,都采用了交流—直流—交流的驱动方式。交流电经过整流存储在锂离子蓄电池中。驱动车辆时,再通过 IGBT 逆变器还原为交变电流,驱动永磁同步交流电机为变速器提供动力。

第四章 燃料电池电动汽车结构与工作原理

第一节 燃料电池定义和控制策略

一、燃料电池电动汽车的定义

燃料电池电动汽车以燃料电池系统作为单一动力源或者是以燃料电池系统与可充电储能系统作为混合动力源。燃料电池电动汽车与纯电动汽车的整车控制系统、驱动系统区别不大,主要差别是动力源,纯电动汽车用镍氢蓄电池、铅酸蓄电池等作为动力源。

燃料电池可以通过电化学过程将化学能转化为电能,具有转化效率高、燃料补充速度快、噪声低、排放少等优点。

燃料电池一般包括正负极、电解质。燃料被输送到正极,在催化剂的作用下产生氧化还原反应,产生的氢离子输出电子到外电路。与此同时,电子受到两级电位差的影响,通过外电路流向负极从而输出电能。在负极受催化剂的作用,氧气从外电路接收电子,并与氢离子结合生成水以及其他气体。

图4-1所示为燃料电池示意图。

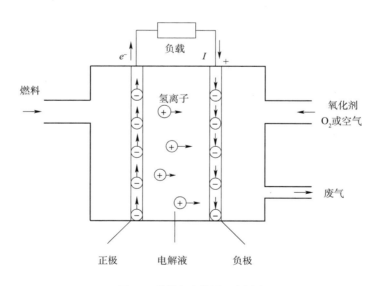

图4-1 燃料电池的原理示意图

燃料电池根据电解质差异可以分为:碱性燃料电池、质子交换膜燃料电池等类型,具体见表4-1。

超级电容工作原理　　　　　　　　　　　　　　　　　　　　　　　表 4-1

类　　型	简　　称	电解质	电解质形态
碱性燃料电池	AFC	KOH	液体
质子交换膜燃料电池	PEMFC	含氟质子膜	固体
熔融碳酸盐燃料电池	MCFC	$Li_2CO_3\text{-}K_2CO_3$	液体
固体氧化物燃料电池	SOFC	YSZ	固体
磷酸燃料电池	PAFC	磷酸	液体

燃料电池电动汽车类型较多,表 4-2 列举了常见的类型及特点。

燃料电池电动汽车分类　　　　　　　　　　　　　　　　　　　　表 4-2

分类方式	类　　型	特　　点
按燃料类型分类	直接燃料电池电动汽车	直接使用氢气、煤气、天然气等作为燃料
	重整燃料电池电动汽车	通过重整技术处理后的汽油、甲醇等作为燃料
按氢燃料存储方式分类	压缩氢燃料电池电动汽车	氢气作为燃料,在高压罐内存储
	液态氢燃料电池电动汽车	液态氢气作为燃料,在高压罐内存储
	合金吸附氢燃料电池电动汽车	氢气吸附在合金块内作为燃料存储
按"多电源"配置分类	PFCV 型燃料电池电动汽车	纯燃料电池驱动
	PFCV + B 型燃料电池电动汽车	车辆由燃料电池与动力蓄电池联合驱动
	PFCV + C 型燃料电池电动汽车	车辆由燃料电池与超级电容联合驱动
	PFCV + B + C 型燃料电池电动汽车	车辆由燃料电池与动力蓄电池、超级电容联合驱动

二、燃料电池电动汽车的控制策略

燃料电池电动汽车的控制指标是动力性、经济性和续航里程等,主要控制策略包括功率跟随控制、最佳能耗控制和 On/Off 控制等。

1. 功率跟随控制

功率跟随控制根据车辆行驶的驱动需求,协同控制燃料电池系统和动力蓄电池的功率输出。在保障车辆动力的前提下提升整车能源利用效率。功率跟随控制将车辆状态分为了五种情况:制动状态、起动状态、怠速状态、正常行驶状态和减速制动状态。每种状态的控制方法见表 4-3。

功率跟随控制　　　　　　　　　　　　　　　　　　　　　　　　表 4-3

车辆状态	控制方法
制动	无需动力蓄电池或者燃料电池的供给
起动	(1)动力蓄电池独立驱动车辆行驶; (2)燃料电池系统预热后根据后续需求输出功率
怠速	无需动力蓄电池或者燃料电池的供给
正常行驶	动力蓄电池与燃料电池协同控制
减速制动	(1)无需动力蓄电池或者燃料电池的供给; (2)根据动力蓄电池荷电状态再生制动能量回收

2. 最佳能耗控制

功率跟随控制能够保障电动汽车的动力性能需求，但存在能量利用效率不高的问题。因此，在功率跟随控制的基础上发展出了最佳能耗控制方法，主要解决动力蓄电池和燃料电池的功率分配问题。其核心是建立了燃料消耗等价函数，尽量降低动力系统的燃料消耗。与功率跟随控制类似，最佳能耗控制也按照车辆状态进行分类，包括制动及怠速状态、起动状态、正常行驶状态和减速制动状态，每种状态的控制方法见表4-4。

最佳能耗控制　　　　　　　　　　　　　　　　表4-4

车辆状态	控制方法
制动及怠速	根据动力蓄电池荷电状态决定是否充电
起动	（1）动力蓄电池独立驱动车辆行驶； （2）燃料电池系统预热后根据后续需求输出功率
正常行驶	（1）动力蓄电池作为主动力源输出功率； （2）动力蓄电池和燃料电池协同输出功率； （3）燃料电池系统作为动力源输出功率，同时给动力蓄电池充电； （4）燃料电池系统作为动力源独立输出功率
减速制动	（1）无需动力蓄电池或者燃料电池的供给； （2）根据动力蓄电池荷电状态再生制动能量回收

3. On/Off 控制

On/Off 控制的目的是协同控制燃料电池系统和动力蓄电池系统，提高能源利用效率，确保车辆的整体性能和续航里程。在此过程中动力蓄电池的荷电状态分为了三类：低荷电状态（$SOC \leq SOC_{min}$）、正常荷电状态（$SOC_{min} < SOC \leq SOC_{max}$）和高荷电状态（$SOC > SOC_{max}$）。提升车辆性能的关键是通过燃料电池系统控制动力蓄电池处于正常荷电状态。动力蓄电池不同荷电状态下的控制方法见表4-5。

On/Off 控制　　　　　　　　　　　　　　　　表4-5

电池状态	条件	控制方法
低荷电	$SOC \leq SOC_{min}$	（1）燃料电池作为主动力源驱动车辆行驶； （2）供给驱动电动机的功率有富余时，给动力蓄电池充电，直到 $SOC > SOC_{max}$
正常	$SOC_{min} < SOC \leq SOC_{max}$	（1）当动力蓄电池功率大于驱动需求功率时，动力蓄电池作为主动力源驱动车辆行驶； （2）当动力蓄电池功率小于驱动需求功率时，燃料电池补充不足的功率
高荷电	$SOC > SOC_{max}$	（1）动力蓄电池作为动力源独立驱动车辆行驶； （2）若出现 $SOC < SOC_{min}$ 或者动力蓄电池输出功率小于驱动需求功率，则切换控制方式

除此之外，自动控制领域以及人工智能领域的控制算法也逐步应用到燃料电池电动汽车的控制系统中，如神经网络控制、模糊控制等，也起到了良好的控制作用。

第二节　燃料电池电动汽车组成与结构原理

一、燃料电池电动汽车的组成

燃料电池电动汽车主要由燃料电池系统、辅助蓄能装置、驱动电机、电子控制系统等部件组成。

1. 燃料电池系统

燃料电池系统主要由以下几部分组成。

(1) 燃料电池电堆。其由多个燃料电池单体串联层叠组合构成,是燃料电池系统的核心。

(2) 氢气供给系统。其负责氢气的管理、存储、回收。

(3) 氧气供给系统。其负责氧气的供给,包括纯氧供给模式和空气供给模式。

(4) 水循环系统。其负责处理生成的水和热量,例如冷凝和汽水分离等。

2. 辅助蓄能装置

辅助蓄能装置主要负责车辆起动时的电能供给、行驶过程中的能量存储、减速制动过程中的能量回收等。

3. 驱动电机

驱动电机主要负责将电能转换为电磁转矩驱动电动汽车。

4. 电子控制系统

电子控制系统主要包括燃料电池系统控制器、DC/DC 变换器、辅助蓄能装置能量管理系统、驱动电机控制器、整车控制器等。各个部件的作用见表 4-6。

电子控制系统　　　　　　　　　　　　　　　　　　表 4-6

装　　置	作　　用
燃料电池系统控制器	(1) 对燃料电池相关子系统进行协调管理; (2) 保障燃料电池系统的正常功率输出
DC/DC 变换器	用于燃料电池的直流电压转换
辅助蓄能装置能量管理系统	(1) 管理动力蓄电池的充放电过程; (2) 监测动力蓄电池的工作状态
驱动电机驱动控制器	(1) 管理驱动电机的运行状态; (2) 保障驱动电机的安全稳定
整车控制器	协同管理各个组成部件

二、燃料电池电动汽车基本结构

燃料电池电动汽车在传统汽车基本结构的基础上,增加了燃料电池系统相关装置或部件。下面对不同类型燃料电池电动汽车进行说明。

第四章 燃料电池电动汽车结构与工作原理

1. 纯燃料电池电动汽车(Pure Fuel Cell Vehicle, pure FCV)

燃料电池是 pure FCV 的唯一动力源。pure FCV 的组成见表 4-7。

pure FCV 组成　　　　　　　　　　　　　　表 4-7

序 号	装 置	序 号	装 置
1	燃料电池	5	DC/DC 变换器
2	燃料电池控制器	6	DC/AC 电机控制器
3	整车控制器	7	驱动电机
4	DC/DC 控制器	—	—

图 4-2 所示为 pure FCV 的基本组成结构。

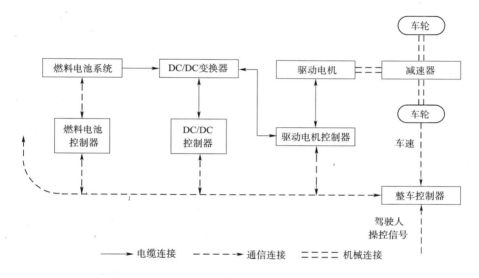

图 4-2　Pure FCV 型燃料电池电动汽车基本结构

pure FCV 主要由燃料电池系统驱动车辆行驶。该类型具有系统结构简单、系统部件少、能量传输效率高的优点。但同时也有制造成本高、整车质量大、运营成本高、燃料电池容易过载、无法实现再生制动等缺点。

2. 燃料电池与辅助蓄电池联合驱动电动汽车(Pure Fuel Cell Vehicle + Battery, PFCV + B)

不同于 pure FCV 的结构，PFCV + B 装备了辅助用动力蓄电池，用于协同驱动车辆动力系统。严格来说，PFCV + B 是混合动力结构。该类型的组成见表 4-8。

PFCV + B 电动汽车组成　　　　　　　　　　表 4-8

序 号	装 置	序 号	装 置
1	燃料电池	6	DC/AC 电机控制器
2	燃料电池控制器	7	驱动电机
3	整车控制器	8	动力蓄电池
4	DC/DC 控制器	9	蓄电池管理系统
5	DC/DC 变换器	—	—

图 4-3 所示为 PFCV + B 型燃料电池电动汽车的基本结构。

(1) 在车辆加速过程中,动力蓄电池和燃料电池共同驱动车辆加速;
(2) 在正常行驶过程中,燃料电池独立驱动车辆行驶;
(3) 在制动过程中,驱动电机进行再生制动能量回收,并存储在动力蓄电池中。动力蓄电池利用快速的充放电保障车辆的动力性能。

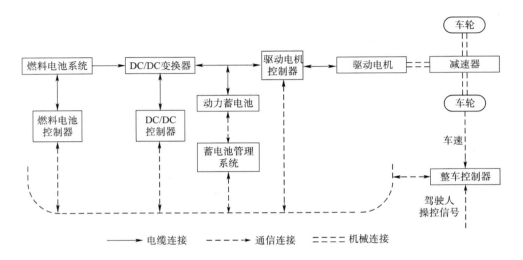

图 4-3　PFCV + B 基本结构

PFCV + B 通过增加动力蓄电池降低了整车成本,弥补了燃料电池技术缺点。例如提供较快的能量供给、能量制动回收、降低燃料电池性能要求等。但是 PFCV + B 也存在一定的缺点:整车质量的增加降低了车辆动力性和经济性、充放电过程增加了能量损耗、系统整体的设计和控制复杂度上升。

3. 燃料电池与超级电容联合驱动电动汽车(Pure Fuel Cell Vehicle + Capacitor, PFCV + C)

PFCV + C 使用超级电容替代了辅助蓄电池,与燃料电池联合驱动电动汽车。PFCV + C 利用超级电容优良的功率特性提升整车的动力性能以及使用寿命。该类型组成见表 4-9。

PFCV + C 电动汽车组成　　　　　　表 4-9

序　号	装　置	序　号	装　置
1	燃料电池	6	DC/AC 电机控制器
2	燃料电池控制器	7	驱动电机
3	整车控制器	8	超级电容
4	DC/DC 控制器	9	DC/DC 变换器
5	DC/DC 变换器	—	—

图 4-4 所示为 PFCV + C 型燃料电池电动汽车的基本结构。
(1) 在车辆加速过程中,驱动电机的功率需求由燃料电池系统和超级电容协同供给;

(2) 在车辆正常行驶过程中,燃料电池系统作为主动力源驱动车辆;

(3) 在车辆减速制动过程中,利用超级电容动态响应快的优势,将制动能量回收到超级电容。

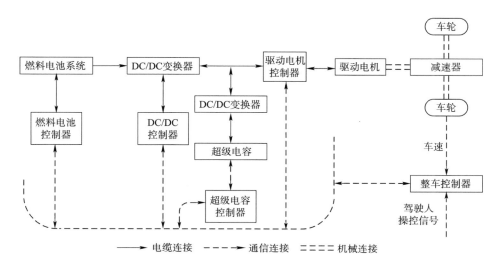

图 4-4　PFCV+C 型燃料电池电动汽车基本结构

超级电容比动力蓄电池循环寿命长、充电效率高、正常工作温度范围宽。同时其动态影响能力强,能够输出较大的瞬时功率,能够提升整车的动力性能。但是由于系统结构相对复杂,对控制方法和策略要求更高。

4. 燃料电池与蓄电池和超级电容联合驱动电动汽车(Pure Fuel Cell Vehicle + Battery + Capacitor,PFCV+B+C)

PFCV+B+C 的动力源包括了燃料电池系统、超级电容和动力蓄电池。在协同供电的过程中,燃料电池系统主要负责能量需求相对稳定的低频功率输出,超级电容主要负责能量变化剧烈的高频功率输出。多种能量源的协同工作可以明显改善车辆动力系统性能指标。该类型的组成见表 4-10。

PFCV+B+C 电动汽车组成　　　　表 4-10

序　号	装　　置	序　号	装　　置
1	燃料电池	6	DC/AC 电机控制器
2	燃料电池控制器	7	驱动电机
3	整车控制器	8	超级电容
4	DC/DC 控制器	9	DC/DC 变换器
5	DC/DC 变换器	—	

图 4-5 所示为 PFCV+B+C 型燃料电池电动汽车基本结构。

燃料电池与蓄电池、超级电容联合驱动电动的优点是动态性能好、部件效率高、制动能量回收强等。缺点是整车质量和体积增大,系统布设和控制难度也随之增大。因此,对

PFCV + B + C 的各动力源进行匹配和优化是提升该类型燃料电池电动汽车性能的关键。

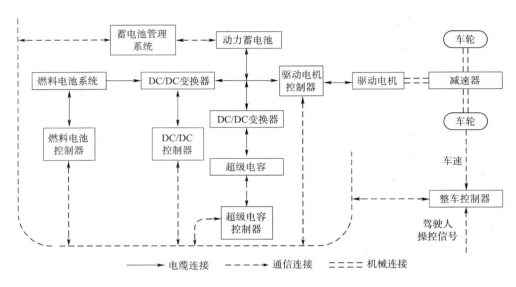

图 4-5　PFCV + B + C 型燃料电池电动汽车组成结构图

第三节　燃料电池电动汽车关键技术及指标

一、燃料电池电动汽车的关键技术

1. 燃料电池技术

燃料电池的功率、耐久性、低温起动性能及成本直接影响电动汽车的性能。高性能、高效率、高耐久性的燃料电池是未来发展方向。此外,燃料电池系统起动与关闭时间、能量管理与变换、电堆水热管理模式以及辅助装置等还有许多需要解决的技术难题。

2. 车载储氢技术

氢是燃料电池的理想燃料。储氢方式主要包括高压气态储氢、低温液态储氢、固体储氢和有机液体储氢。高压气态储氢需要几百标准大气压力,压缩过程会消耗一部氢能量,还需要高强度的储氢罐,泄露有爆炸风险。低温液态储氢是在低温(-259.2℃)条件下,储存液化氢需要绝热、高强度的储罐,技术上非常困难,此外,低温液化氢本身就是一种极危险的化合物,加注液化氢需要较高的防护条件。固体储氢是将氢与某些金属结合,形成稳定的化合物,在特定的压力、温度下可以被还原,缺点是需要同时装备高活性氢化物和腐蚀性的氢氧化物溶液,氢化物的制造和回收也面临很多问题。有机液体储氢通过加氢反应将氢气固定到芳香族有机化合物,常温常压下为液体,便于存储和运输,使用时通过催化反应释放氢气,但是脱氢技术复杂、脱氢能耗、催化剂等还有一些难题需要解决。

3. 辅助蓄能技术

辅助蓄能技术直接影响燃料电池电动汽车的动力性和经济性。辅助蓄能常用蓄电池、超级电容和飞轮电池三种。具有较好的功率、密度、充放电能力等特性的电池能够更高效地辅助燃料电池驱动车辆运行。提高辅助蓄能装置的能量密度、功率密度等核心参数以及能否作为独立的动力系统都是需要解决的技术问题。

4. 整车控制技术

受限于燃料电池系统多个部件装置,包括储氢装置、发动机/驱动电机、动力蓄电池,整车布置较为复杂。整车布置既要考虑车辆安全性、可靠性,又要考虑各部件装置性能效率等问题。整车动力系统的参数优化与设计、多动力源的功率分配与控制、整车热管理控制、整车子系统协调等均是需要研究的技术难题。

二、燃料电池电动汽车的主要技术指标

根据中国汽车工程学会牵头编制的《节能与新能源汽车技术路线图》,表4-11列出了氢燃料电池电动汽车的主要技术指标,包括燃料电池等指标。

氢燃料电池电动汽车主要技术指标　　　　　表4-11

类别	项目	2020年	2030年
电池	总体目标	在特定地区的公共服务用车领域小规模示范应用,5 000辆规模	在私人乘用车、大型商用车领域实现大规模商业化推广,百万辆规模
	电池效率(%)	60	65
	冷起动温度(℃)	-30	-40
	材料成本(元/kW)	1000	150
乘用车	额定功率(kW)	70	120
	寿命(h)	5000	8000
	耐久性(万km)	20	30
	体积功率密度(kW/L)	3.0	4.0
	质量功率密度(kW/kg)	2.0	3.0
	成本(万)	≤30	≤18
商用车	额定功率(kW)	70	170
	寿命(h)	10000	30000
	耐久性(万km)	40	100
	体积功率密度(kW/L)	2.0	3.0
	成本(万元)	≤100	≤60
氢	氢气供应	分布式、副产制氢	可再生能源分布式制氢
	氢气储运	高压气态、低温液态	常压高密度有机液体
	加氢站数量(个)	≥100	≥1000

三、燃料电池电动汽车实例

1. 奥迪 A7 Sportback. h-tron quattro

奥迪 A7 Sportback. h-tron quattro 是一款以氢燃料电池为核心的燃料电池电动汽车。奥迪 A7 的氢燃料电池位于发动机舱内,包括了 300 余个电池单元,电池输出电压在 230～360V 范围内。奥迪 A7 在燃料电池运行状态下,主要的技术参数见表 4-12。

技术参数   表 4-12

内容	参数	内容	参数
里程(1kg 氢)	100km	加氢时间(5kg 氢)	3min
能量(1kg 氢)	3.7L 汽油	—	—

该车内部结构及关键部件位置如图 4-6 所示。

图 4-6　奥迪 A7 Sportback h-tron 氢燃料汽车内部结构

2. 丰田 Mirai 氢燃料电动汽车

丰田 Mirai 氢燃料电动汽车是丰田第一款量产的燃料电池电动汽车,Mirai 的内部有两个氢气储气罐,可以存储 70MPa 的氢气,总重 87.5kg。丰田 Mirai 氢燃料电动汽车最大输出功率为 111kW,此外还配备有一个 1.6kW·h 的蓄电池组。蓄电池组既可以回收能量,提高能源利用效率,又可以协助燃料电池系统输出功率,提高动力性能。该车关键部件位置如图 4-7 所示。储氢罐分别布置在后排座椅下和行李舱前,燃料电池堆则布置在前排座椅下方。

图 4-7　丰田 Mirai 氢燃料电动汽车内部结构

第五章 电动汽车整车控制系统

第一节 整车控制系统组成和功能

一、整车控制器的组成

电动汽车的整车控制器通过多种感知设备接受车辆驾驶人员的操纵指令,然后通过结合当前车辆运行工况以及车辆各个部件状态信息,按照相应的策略进行控制车辆动力分配及能量管理,做出相关指令作用于驱动电机及动力耦合装置,满足驾驶人驾驶车辆的要求。同时,整车控制系统对车辆各个组成部件进行监控和故障诊断等工作。

整车控制器一般由微控制器、输出输入、继电器驱动、总线接口等模块组成。整车控制器通过监管、协调、联控,确保车辆安全可靠地运行,提升电动汽车整体能量效率。

图 5-1 所示为电动汽车整车控制器的基本结构。

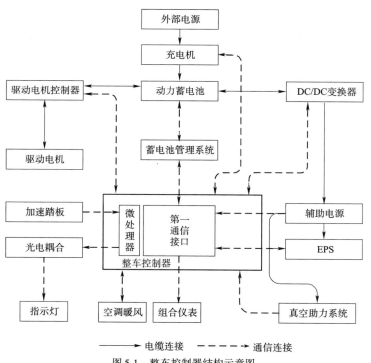

图 5-1 整车控制器结构示意图

二、整车控制器的功能

整车控制器具备多种功能,如控制驱动系统、管理整车能量、控制通信网络、故障诊断和处理等。整车控制器功能见表5-1。

整车控制器的功能　　　　　　　　表5-1

名　　称	功　　能
感知与交互管理	(1) 通过加速踏板、制动踏板以及其他车辆操控方式,判断驾驶人的驾驶意图; (2) 通过车载显示设备、语音设备等将车辆状态或故障信息反馈给驾驶人
驱动控制	(1) 根据驾驶需求通过驱动电机驱动车辆行驶; (2) 根据实际工况及驾驶需求控制再生制动能量回收
能量管理	(1) 整车能源均衡管理; (2) 控制蓄电池给驱动电机或其他附属装置供电
网络控制	(1) 负责各子系统信息的组织和传输; (2) 监控网络运行状态,进行故障诊断和处理
故障诊断	(1) 监测整车电气系统,进行故障诊断; (2) 根据故障等级及类型执行安全保护处理流程
充电控制	监控与管理充电过程

后续章节将重点从驱动控制、能量管理和安全控制策略三部分的内容进行阐述。

第二节　驱动/制动控制策略

整车控制器协调控制动力系统的运行,满足整车动力性能要求,包括加减速时间、续航里程、能量回收效率等。

一、电动汽车驱动控制策略

控制策略的目标是保障车辆动力性能要求的前提下,尽可能地提供良好的驾驶体验。在这些前提下,通过驱动控制策略优化经济性能。一方面,在电动汽车运行过程的不同工况下,根据加速踏板信号,控制驱动电机、蓄电池尽量处于高效工作区间;另一方面,根据动力蓄电池不同荷电状态的输出功率特性以及整车控制器的功率需求,动态调整动力蓄电池的输出功率,使驱动电机高效运行。

在电动汽车的实际行驶过程中,驱动系统的影响因素很多,系统结构比较复杂。首先,电动汽车的驱动系统是由多个输入输出构成的复杂系统;其次,电动汽车的驱动系统是随环境变化的时变系统;最后,电动汽车的运作机制受多个变量的影响,难以建立精确的数学模型分析计算。针对这些问题,目前,模糊控制是国内外广泛采用的一种控制算法,取得了较好的控制效果。

响应加速踏板是驱动控制主要策略之一。图5-2所示为不同函数关系对应的加速踏板控制策略。

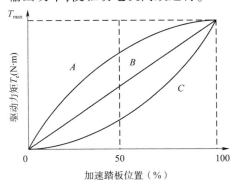

图5-2　加速转矩控制策略曲线

上图中的三条曲线分别对应三种不同的控制策略,具体见表5-2。

整车控制器的功能　　　　　　　　　表 5-2

曲　　线	类　　型	动　力　性	操　纵　性
A	硬踏板策略	强	差
C	软踏板策略	弱	好
B	线性踏板策略	适中	适中

其中,硬踏板策略和软踏板策略因数学模型相对复杂,在实际应用中可能导致计算量大、响应慢的问题。

二、电动汽车制动控制策略

电动汽车在制动制动过程中,能够进行再生制动实现能量回收。即在减速制动过程中,可以将车辆的动能转化为电能存储在动力蓄电池中,起到提升续航里程、提高能源利用效率、降低能源消耗及环境污染的作用。

与能耗制动或者反接制动等电气制动方式不同,再生制动不改变电动汽车系统结构,通过控制回馈电流实现制动效果与能量回收的协同优化。驱动电机处于再生制动能量回收模式时会反向转动,其作为发电机运行而产生制动力,将动能转化为电能存储,起辅助车辆制动、动力蓄电池充电以及提升续航里程的作用。

电动汽车的再生制动在减速或制动情况下起动。再生制动的特点如图5-3所示,可以总结为:

(1)在减速过程中,如果功率恒定,驱动电机转速越高,再生制动能力越弱;

(2)在制动过程中,车速越低,再生制动能力也越弱。

在制动系统中,机械液压制动与再生制动一般是共同作用的。通常,液压制动只会在再生制动达到最大能力或者无法满足及时制动需求的情况下才会起动,以辅助再生制动系统,保障车辆行驶安全。

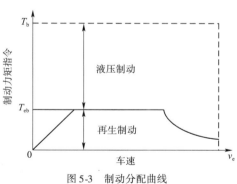

图 5-3　制动分配曲线

第三节　能量管理策略

电动汽车能量管理策略主要是整车能源均衡管理,提高能量利用效率,以及控制蓄电池给驱动电机或其他附属装置供电。其中电池管理系统的主要作用是将电池组维持在高效的工作性能区间,保障车辆的动力性及安全性,同时保障电池组的使用寿命。一方面,电池管理系统通过实时监测电池组荷电状态,避免电池组在充放电过程中出现过充电、过放电或者深放电等异常情况;另一方面,电池管理系统通过实时监测单体电池,判断单体电池损坏情况以及进行能量均衡管理。

一、纯电动汽车能量管理策略

荷电状态与动力蓄电池放电能力相关,这是能量管理技术的理论基础。动力蓄电池处于较低荷电状态时,无法输出满足驱动电机要求的功率;而动力蓄电池处于较高荷电状态时,再生制动会产生过充现象,进而损伤动力蓄电池。因此,准确检测及预测动力蓄电池的荷电状态是能量管理技术的关键。

能量管理系统实时动态检测电池组运行状态,实现电池组的热平衡及均衡管理。发生不同等级的动力蓄电池故障时,能量管理系统可以根据预设程序中的控制策略进行处理,保障行车安全。

二、混合动力电动汽车能量管理策略

混合动力电动汽车起步过程中使用纯电池组驱动;随着功率的上升,车辆逐步由发动机—发电机组驱动行驶,在此过程中不足的驱动功率由动力蓄电池提供;车辆处于正常行驶工况时,发动机—发电机组输出功率满足车辆驱动,同时为蓄电池组充电;在车辆减速过程中,发动机—发电机组将会关闭,车辆由电池组驱动行驶;而在制动过程中,车辆再生制动回收能量为电池组充电。混合动力电动汽车的通过蓄电池组配合,以保障发动机工作在稳定的工况下,提高工作效率。

混合动力电动汽车中的基本组成部件是动力蓄电池,动力蓄电池直接影响驱动电机和整车性能。混合动力电动汽车在运行过程中需要动力蓄电池承担较大的工作负荷以及较高的功率密度,因此,对动力蓄电池的荷电状态工作区间以及使用寿命均提出了较高的要求。

三、燃料电池汽车能量管理策略

对于多能源动力系统而言,如何优化功率分配是进行该类型电动汽车能量管理的关键。一般而言,多能源动力系统的能量管理技术可以分为非瞬时管控策略和瞬时管控策略两类。燃料电池电动汽车的控制目标主要包括了动力性、经济性和续航里程等,其主要的控制策略包括了 On/Off 控制、最佳能耗控制和功率跟随控制等。

第四节 安全控制策略

整车控制器承担着电动汽车各子系统的信息监测、管理控制与协调调度的任务。因此,整车控制器的安全管理对于车辆安全、可靠、高效地运行具有重要意义。与传统内燃机汽车相比,电动汽车的车辆结构、动力驱动方式都有较大变化,因此需要适应电动汽车电气化特点的安全控制策略。常见的整车控制器故障类型主要包括传感器故障、执行机构故障和总线故障,见表5-3。

第五章　电动汽车整车控制系统

整车控制器故障类型及说明　　　　　　　　　　　　　　　　　　　　　　　表 5-3

名　　称	说　　明
传感器故障	(1)传感器负责检测车辆操控或运行状态,错误或者不精确的传感器信号会导致严重的车辆安全隐患; (2)整车控制器对车辆各类传感器的运行状态和检测精度进行监测,及时诊断传感器故障
执行机构故障	(1)电动汽车的执行机构各异,主要操控车辆行驶,执行机构故障也会导致严重的车辆安全隐患; (2)整车控制器对车辆执行机构的运行状态进行监测,保障车辆行驶安全
总线故障	(1)CAN总线连接电动汽车各个子系统。整车控制器通过CAN总线实现车辆状态的监测及整车控制策略的执行; (2)整车控制器可以监测CAN总线的实时状态以及子系统是否脱离总线,保障车辆各系统间的通信正常

整车控制器按照故障的严重程度分为三个等级,见表 5-4。

整车控制器故障类型　　　　　　　　　　　　　　　　　　　　　　　　　表 5-4

等　级	描　述	故障处理	行车要求
一级	轻微故障	发出报警信号	可以正常行驶
二级	一般性故障	限制驱动电机输出	谨慎行驶
三级	严重故障	切断动力电源	禁止车辆行驶

整车控制器详细的故障分类方式及说明见表 5-5。

故　障　分　类　　　　　　　　　　　　　　　　　　　　　　　　　　　表 5-5

项目	故障类型	故障原因	故障现象	故障等级
传感器	制动踏板故障	制动踏板信号异常	制动踏板开度值无法识别	三级
	加速踏板故障	加速踏板信号异常	加速踏板开度值无法识别	三级
		制动踏板信号不同步	加速踏板开度值无法识别	二级
	温度传感器故障	传感器信号异常	温度值无法确定	一级
执行机构	继电器驱动芯片故障	驱动芯片通信故障	继电器驱动状况不能确定	一级
		驱动芯片过热故障	无法驱动继电器	二级
		驱动芯片过流故障	无法驱动继电器	二级
		驱动芯片短路故障	无法驱动继电器	二级
		驱动芯片内部故障	继电器驱动状况不能确定	一级
	继电器故障	继电器线圈故障	无法驱动负载	二级
		继电器触电故障	无法驱动负载	二级
总线	CAN总线通信故障	超时故障	无法得到相关节点信息	二级
		节点脱离总线故障	所有网络节点无法通信	三级
		信息异常故障	无法得到相关节点信息	二级

第六章　纯电动汽车动力蓄电池系统

第一节　动力蓄电池类型

动力蓄电池是纯电动汽车的动力源和能量载体。电池一般分为化学电池、物理电池和生物电池三类，根据工作原理又可以细分，具体如图6-1所示。其中，铅酸蓄电池、镍镉蓄电池、镍氢蓄电池、锂离子蓄电池以及超级电容等可以作为纯电动汽车的动力蓄电池。

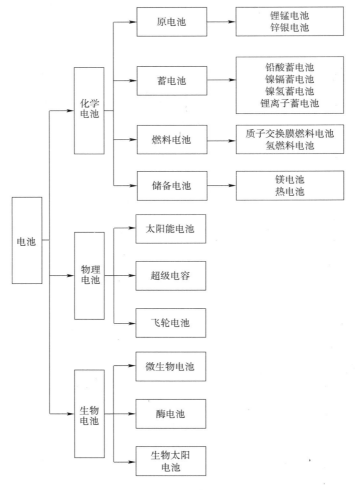

图6-1　电池类型

2018年，我国新能源汽车的各种车型（按电池材料统计）产量数据见表6-1。由表可知，目前我国纯电动汽车最常用的电池是锂离子蓄电池、超级电容和镍氢蓄电池。

我国新能源汽车的各种车型产量数据表(2018年)　　　　表6-1

车型		电池								合计
		三元材料	磷酸铁锂	锰酸锂	钛酸锂	超级电容	燃料电池	镍氢电池	富锂锰基	
乘用车	A00	167706	29587							197293
	A0	86374	54480							140854
	A	210711	4							210715
	B	60173	1652							61825
	C	33465	1610							35075
	D	16967			426					17393
	MPV	39745	9979	125						49849
	SUV	280303	602							280905
	跑车	115								115
	微面	12836	519							13355
车长	车长≤6m	698	49							747
	6m<车长≤8m		9130	537	848		2			10517
	8m<车长≤10m		3306	3474	309					7089
	车长>10m		41323	5048	4865	111	19	41		51407
专用车		60732	45102	7674			57			113565
总计		909093	152241	9184	6448	111	21	41		1077139

一、锂离子蓄电池

锂离子蓄电池最早出现在1990年。其具有电压高、寿命长、能量密度高、充电速度快、温度范围宽、自放电率低以及安全可靠等优点,相对于铅酸蓄电池、镍氢蓄电池优势明显,是电动汽车比较理想的动力电源。随着锂离子蓄电池生产成本降低和性能提高,许多生产厂家投入锂离子蓄电池的生产。目前,主要集中在中国、日本和韩国三个国家。锂离子蓄电池也是我国重点发展的电动汽车动力蓄电池。

1．锂离子蓄电池的分类

按照电池外部形态,锂离子蓄电池分为圆柱形和方形等类型。

按照电池使用材料,锂离子蓄电池分为磷酸铁锂离子蓄电池、锰酸锂离子蓄电池、镍钴锂离子蓄电池或镍钴锰锂离子蓄电池等类型。

2．锂离子蓄电池组成

锂离子蓄电池一般由正负极、电解液、隔板和安全阀等组成。

1) 电池正极

电池正极使用的材料取决于电池类型,如磷酸铁锂电池的正极以磷酸铁锂为主要材料,电池名称通常也是根据正极材料确定的。正极活性物还需要加入树脂黏合剂、导电剂等,在铝基体上涂覆为细薄层。

2) 电池负极

电池负极由碳材料与黏合剂混合物加入有机溶剂并涂覆在铜基体上形成。

3) 隔板

隔板主要由聚乙烯或聚丙烯材料制成。主要作用是在锂离子蓄电池温度异常上升时阻断作为离子通道的细孔,使锂离子蓄电池停止充放电反应。

4) 电解液

电解液是以混合溶剂为主体的有机电解液。为了溶解锂盐,混合溶剂需要具有高电容率,与锂离子相容性好,并且在锂离子蓄电池的工作温度范围内,须呈液体状态。由于单一溶剂一般难以同时满足上述条件,因此电解液一般使用几种溶剂混合形成。

5) 安全阀

安全阀是一次性非修复式的破裂膜。通常电池内部设置有异常电流切断或外部电路控制的安全装置。但是还是会出现锂离子蓄电池内压异常的情况,安全阀也可以通过释放气体减少内部压力,从而起到防止电池损坏的作用。安全阀是锂离子蓄电池的最后保护手段,使用后是不可修复的。

3. 锂离子蓄电池的工作原理

电池正负极均由 Li^+ 化合物等组成。其中,正极一般嵌入锂化跃迁金属氧化物,例如 $LiMO_2$、$LiNiO_2$ 等跃迁金属;负极一般嵌入锂—碳层间化合物,例如 Li_xC。

式(6-1)、式(6-2)所示为充放电过程中的反应方程:

正极:

$$LiMO_2 \rightarrow Li_{-x}MO_2 + xLi^+ + xe^- \tag{6-1}$$

负极:

$$C + xLi^+ + xe^- \rightarrow Li_xC \tag{6-2}$$

充放电反应表达通式为:

$$Li_xC + Li_{-x}MO_2 \rightarrow C + LiMO_2 \tag{6-3}$$

锂离子蓄电池的充放电过程实质就是 Li^+ 在两电极之间来回嵌入和脱出的过程。

(1) 在充电时,Li^+ 会从正极脱出,经过电解质后嵌入负极。

(2) 在放电时,Li^+ 则从负极脱出,经过电解质再嵌回正极。

锂离子蓄电池的充放电过程如图 6-2 所示。在此过程中,锂离子蓄电池充放电反应良好的可逆性是因为电池正负极中有锂离子稳定的空间位置。

4. 锂离子蓄电池的充放电特性

1) 充电电压

充电终止电压误差一般要求在额定值1%以内。过低的充电终止电压会导致充电不完全,从而影响电池使用时间;而过高的充电终止电压会导致过充,从而使电池寿命变短甚至永久损坏。

2) 充电电流

充电率一般为0.5~1C,最高可达到2C。大电流充电会提高充电效率,但电池内部电化学反应会产生热量导致温度升高,带来一定的能量损失,严重时温度过高甚至会导致锂离子蓄电池损坏或爆炸。如果全部使用恒定电流充电,可以缩短充电时间,但是充电结束时间较难控制,可能会产生过充或者充不满等情况。

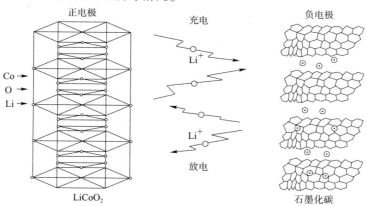

图 6-2 锂电池蓄电池原理示意图

3)放电电流和电压

最大放电电流为 2~3C。过大的放电电流会导致锂离子蓄电池内部发热升温,造成电池损坏而影响使用寿命。电压低于 3V 时会出现过放电现象,造成锂离子蓄电池失效。在放电前先进行小电流预充电,可以再次激活过放电单元,使其恢复正常。

4)充电温度

充电温度要求在 0~60℃ 范围内。充电温度过低时,锂离子蓄电池难以充满;而充电温度过高时,可能会引起电池爆炸等问题。特别是使用大电流充电时,必须实时监测电池温度保障安全。

5. 锂离子蓄电池的优缺点

(1)优点:能量密度高、自放电率低、工作电压高、循环寿命长、自放电率低、无记忆性等。

(2)缺点:成本较高、需要特殊的过充电保护电路。

二、镍氢蓄电池

镍氢蓄电池是一种碱性电池,最早出现在 20 世纪 90 年代。镍氢蓄电池能量密度高且无毒性,相对于铅酸蓄电池,其能量体积密度提高了 3 倍,功率密度提高了 10 倍。

1. 镍氢蓄电池的分类

按照外部形状,镍氢蓄电池可以分为圆形镍氢蓄电池和方形镍氢蓄电池等类型。

2. 镍氢蓄电池的结构

与锂离子蓄电池类似,镍氢蓄电池的结构除了包含正极、负极、隔板、电解液外,还包含极板。

1)正极

正极由活性物质氢氧化镍构成。

2)负极

负极由储氢合金构成。

3)电解质

电解质使用氢氧化钾。

4)隔膜

隔膜位于电池正负极之间。

5)极板

极板分为发泡体和烧结体两类。前者的预充电是投入使用前的必要环节。后者利用烧结体的活性特质,避免了预充电要求,并具有电压稳定、低温放电性能好、寿命长、不易老化的特点。

3. 镍氢蓄电池的工作原理

图6-3为典型的镍氢蓄电池工作原理示意图。镍氢蓄电池通过电池正负极和电解质实现化学能量到电能的转化,电池性能主要由电极反应决定。

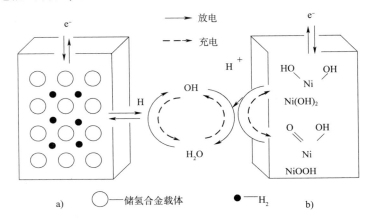

图6-3 镍氢蓄电池化学反应示意图(碱性电解液)

镍氢蓄电池充电时,正负极电化学反应方程式为:

$$Ni(OH)_2 - e + OH^- \longrightarrow NiOOH + H_2O \quad (6\text{-}4)$$

$$2MH + 2e \longrightarrow 2M + H_2 \quad (6\text{-}5)$$

镍氢蓄电池放电时,正负极电化学反应方程式为:

$$NiOOH + H_2O + e \rightarrow Ni(OH)_2 + OH^- \quad (6\text{-}6)$$

$$2M + H_2 \rightarrow 2MH + 2e \quad (6\text{-}7)$$

4. 镍氢蓄电池的特点

镍氢蓄电池具有循环次数多、功率密度高、温度范围宽、无污染、安全可靠等优点。

三、超级电容

超级电容是电荷储存能力很强的双电层电容器,是一种介于普通电容器和蓄电池之间的储能装置。

1. 超级电容的工作原理

图6-4所示为超级电容的基本工作原理。超级电容一般由电容板、电解质、绝缘层、集电极共同组成。

集电极是活性炭多孔化电极。电荷在超级电容内部沿着集电极和电解液成对排列,如图 6-4 所示。

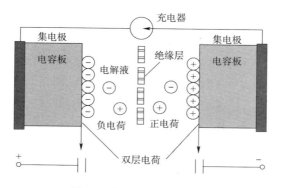

图 6-4　超级电容的工作原理

通过这种结构设计,超级电容内部产生了双层电容结构,增加了存储电荷的能力。超级电容的工作条件及状态见表 6-2。超级电容充电过程和放电过程没有相对不稳定的化学反应,因此超级电容相对于蓄电池具有更好的稳定特性。

超级电容工作条件及状态　　　　　　　　　　表 6-2

条　　件	状　　态	说　　明
两电极板间的电动势 < 电解液的氧化还原电极电势	正常工作状态	电解液界面上的电荷不会脱离电解液
电容器两端电压 > 电解液的氧化还原电极电位	非正常工作状态	电解液将发生分解

2. 超级电容的特点

超级电容的优势是充放电循环次数多、使用寿命长、放电电流大、充电速度快、温度范围宽、安全无污染。

相比较于蓄电池,超级电容的能量密度较小。但是超级电容能够利用放电电流大的优势,在电动汽车起动、急加速、爬坡等典型工况下,提供充足的驱动能量,保障电动汽车的动力性能要求。

此外,超级电容在电动汽车中作为辅助电源使用,可以保护蓄电池,延长其使用寿命。

第二节　动力蓄电池指标

纯电动汽车主要的动力源是动力蓄电池,动力蓄电池对电动汽车整车性能起到了至关重要的作用。动力蓄电池的性能指标主要包括容量、电压、功率、使用寿命、自放电率、输出效率等。

一、动力蓄电池的电压

动力蓄电池电压包括额定电压、放电电压、端电压、开路电压、充电终止电压等,见表 6-3。

动力蓄电池的电压　　　　　　　　　　　　　　　表6-3

名　称	说　明
端电压	动力蓄电池正极与负极之间的电位差
开路电压	动力蓄电池在开路条件下的端电压
额定电压	在标准条件下工作时,动力蓄电池应输出的电压
放电电压	在接通负载后,动力蓄电池输出的电压
充电终止电压	动力蓄电池电量充足后的端电压
放电终止电压	在标准条件下放电时,动力蓄电池适宜放电的最低电压

二、动力蓄电池的容量

动力蓄电池容量是指蓄电池能输出的电量,一般认为其等于放电时间与放电电流之间的乘积。容量可以分为理论容量、实际容量、标称容量和额定容量等,见表6-4。

动力蓄电池的容量　　　　　　　　　　　　　　　表6-4

名　称	说　明
理论容量	理论最高容量,一般按照法拉第电磁感应定律进行计算
实际容量	实际能够输出的容量,其值一般比理论容量小
标称容量	用来鉴别电池的近似容量值
额定容量	在相关标准条件,应当放出的最低限度的容量
荷电状态	剩余电量与额定容量的比值

三、动力蓄电池的内阻

动力蓄电池的内阻为其电流流过电池内部时所受到的阻力,由电解质、正负集群、隔膜等电阻的总和构成。电池的内阻和电池的能量效率密切相关,同时较大的内阻可能导致急剧的电池温度上升,造成电动汽车的潜在安全隐患。一般而言,动力蓄电池的内阻随着使用次数增加而上升。

四、动力蓄电池的能量

动力蓄电池在特定条件下可以供给的电能被称为动力蓄电池的能量,是影响纯电动汽车实用性(特别是续航里程)的重要因素。能量相关指标见表6-5。

动力蓄电池的能量　　　　　　　　　　　　　　　表6-5

名　称	说　明
理论能量	在一定的放电条件下,理论容量与额定电压的乘积
实际能量	实际工作状态下,实际容量与平均工作电压的乘积
质量能量密度	单位质量能输出的电能,单位为 Wh/kg
体积能量密度	单位体积能输出的电能,单位为 Wh/L

五、动力蓄电池的功率

动力蓄电池单位时间内能供给的能量称为功率。纯电动汽车的机动性能(如车辆爬坡能力、车辆急加速能力等)受功率的影响较大。功率相关指标见表6-6。

动力蓄电池的功率　　　　　表6-6

名　称	说　明
质量功率密度	单位质量的输出功率
体积功率密度	单位体积的输出功率

六、动力蓄电池的输出效率

动力蓄电池在充电和放电时出现化学能和电能之间的反复转化,在这个过程中存在一定的能量损失,可以使用动力蓄电池的容量效率和能量效率进行描述,见表6-7。

动力蓄电池的输出效率　　　　　表6-7

名　称	说　明
容量效率	放电输出容量/充电输入容量
能量效率	放电输出能量/充电输入能量

1. 容量效率的表达式

$$\eta_c = \frac{C_{放}}{C_{充}} \times 100\% \quad (6-8)$$

式中:η_c——容量效率,%;

$C_{放}$——输出的容量,A·h;

$C_{充}$——输入的容量,A·h。

副反应是影响容量效率的主要因素之一。此外,自放电现象、内部结构或材料损坏也会导致容量效率的降低。

2. 能量效率的表达式

$$\eta_w = \frac{W_{放}}{W_{充}} \times 100\% \quad (6-9)$$

式中:η_w——能量效率,%;

$W_{放}$——输出的能量,A·h;

$W_{充}$——输入的能量,A·h。

内阻是决定能量效率的主要因素之一。较大的内阻会导致电池过多发热损耗,从而降低能量效率。

七、动力蓄电池的自放电率

自放电率描述动力蓄电池在未使用状态下容量损失速度。表达式如式(6-10)所示,即容量下降百分比与时间的比值。

$$自放电率 = \frac{C_a - C_b}{C_a \cdot T} \times 100\% \tag{6-10}$$

式中：C_a——空置前的容量，A·h；

　　　C_b——空置后的容量，A·h；

　　　T——空置的时间，常用日、月计算。

八、动力蓄电池的放电倍率

放电倍率用来描述放电速度的快慢，放电时间越长，即放电倍率越低；反之放电时间越短，即放电倍率越高。

放电倍率是额定容量与放电电流之比，根据放电倍率的大小可分为低、中、高、超高四类，见表6-8。

动力蓄电池的输出效率　　　　　　　　　　表6-8

名　称	参　数	名　称	参　数
低倍率	<0.5C	高倍率	3.5～7.0C
中倍率	0.5～3.5C	超高倍率	>7.0C

九、动力蓄电池的使用寿命

使用寿命是指在规定的使用条件下，动力蓄电池的有效期限。导致寿命终止原因很多，比如容量无法满足规范要求、电池发生损坏等。使用寿命包括使用期限和使用周期两个指标，定义见表6-9。

动力蓄电池的使用寿命　　　　　　　　　　表6-9

名　称	说　　明
使用期限	电池可供使用的时间
使用周期	电池可供重复使用的次数

第三节　动力蓄电池系统设计

动力蓄电池系统是电动汽车的关键部件，根据车辆动力性能、续航里程的要求，通过动力蓄电池的参数匹配，可以较好地辅助电动汽车的设计工作。动力蓄电池参数包括电池数目、电池容量和电池电压等。动力蓄电池系统直接影响电动汽车整车的性能指标。

一、动力蓄电池匹配原则

1. 能量密度、功率密度要求

为了满足电动汽车动力性能和续航里程的要求，动力蓄电池的选择应当满足一定的能量密度、功率密度要求。

2. 电压等级要求

为了匹配驱动电机的电压等级，动力蓄电池的电压等级应当与驱动电机电压等级相当或更高。

3. 使用寿命要求

动力蓄电池的使用寿命和电动汽车使用寿命相匹配,以此提高整车性能。

二、动力蓄电池系统设计

动力蓄电池系统的最小单元是单体电池,一般由正负极和电解质构成。多块相连的单体电池组成电池模块,一个或者多个电池模块构成动力蓄电池。

1. 动力蓄电池的容量

纯电动汽车的续航里程主要取决于动力蓄电池的容量。容量与车辆最大里程并非呈线性关系。例如,随着动力蓄电池容量增大,其能够提供的驱动能量更多,但是车辆的质量也会增大,从而导致单位里程的能源损耗增加。所以,动力蓄电池系统须配置合适的动力蓄电池,其才能优化整车性能。

纯电动汽车巡航时的能量消耗表达式为:

$$P_{md} = \frac{v_d}{3600\eta_t}\left(mgf + \frac{C_D A v_d^2}{21.15}\right) \quad (6-11)$$

式中:P_{md}——巡航时消耗的功率,kW;

v_d——巡航速度,km/h;

m——整车质量,kg;

g——重力加速度,取 9.8m/s²;

f——滚动阻力系数;

C_D——迎风阻力系数;

A——迎风面积,m²。

电池组的能量应满足:

$$E_z \geqslant \frac{mgf + \frac{C_D A v_0^2}{21.15}}{3600\xi_{soc}\eta_t\eta_e\eta_d(1-\eta_a)}S \quad (6-12)$$

式中:E_z——电池组能量,A·h;

ξ_{soc}——放电深度,%;

η_e——电动机及控制器整体效率;

η_d——放电效率;

η_a——附件能量消耗比例系数;

S——续航里程,km。

电池组能量与容量关系的表示式为:

$$E_z = \frac{U_z C_z}{1000} \quad (6-13)$$

式中:U_z——电池组电压;

C_z——电池组容量。

电池组容量应满足的表达式为:

$$C_t \geq \frac{mgf + \dfrac{C_D A v_0^2}{21.15}}{3.6 \xi_{soc} \eta_t \eta_e \eta_d (1-\eta_a) U_z} S \qquad (6\text{-}14)$$

2. 动力蓄电池模块数量

纯电动汽车的动力蓄电池包含的模块数量须满足驱动电机供电需求,包括峰值功率需求和续航里程需求。

1) 满足驱动电机最小工作电压要求

为了满足驱动电机最小工作电压,动力蓄电池的模块数量应满足下式:

$$N_1 \geq \frac{U_{e\min}}{U_{zd}} \qquad (6\text{-}15)$$

式中:N_1——所需的模块数量;

$U_{e\min}$——最小工作电压,V;

U_{zd}——单体模块电压,V。

2) 满足峰值功率要求

为了满足峰值功率需求,动力蓄电池的模块数量应满足下式:

$$N_2 = \frac{P_{e\max}}{P_{b\max} \eta_e N_o} \qquad (6\text{-}16)$$

式中:N_2——所需电池模块数量;

$P_{b\max}$——单体电池最大输出功率;

N_o——电池模块所含单体电池的数量。

单体电池最大输出功率为:

$$P_{h_{m-1}} = \frac{2U_b^2}{9R_{b_0}} \qquad (6\text{-}17)$$

式中:U_b——单体电池开路电压,V;

R_{b_0}——单体电池等效内阻,Ω。

3) 满足续航里程要求

为了满足续航里程要求,动力蓄电池的模块数量应满足下式:

$$N_3 = \frac{1000 S P_{md}}{v_0 \eta_e U_{zd} C_z} \qquad (6\text{-}18)$$

式中:N_3——所需电池模块数量。

同时满足上述三个条件的电池组模块数量应为:

$$N_z \geq \max\{N_1, N_2, N_3\} \qquad (6\text{-}19)$$

第四节 蓄电池管理系统

蓄电池管理系统是电动汽车商品化、实用化的关键,对动力性和安全性具有重要作用。由于单体蓄电池性能差异以及大容量单体蓄电池发热等问题,需要蓄电池管理系统对蓄电池组进行管理。蓄电池管理系统对于荷电状态的合理使用、动力蓄电池使用寿命以及电动汽车整体能量效率提升至关重要。

蓄电池管理系统主要作用是将蓄电池组维持在高效的工作性能区间,保障车辆的动力性及安全性,同时保障蓄电池组的使用寿命。系统实时监测蓄电池组荷电状态,避免出现过充电、过放电或者深放电等异常情况;系统实时监测单体蓄电池,判断单体蓄电池损坏情况以及进行能量均衡管理。

一、蓄电池管理系统的基本结构

蓄电池管理系统除了管理蓄电池组外,还需要管理电线线路、温度、电压平衡等,保障车辆的安全可靠。典型的蓄电池管理系统的基本结构如图6-5所示。该系统的主要功能见表6-10,包括蓄电池组管理、电压平衡管理等。

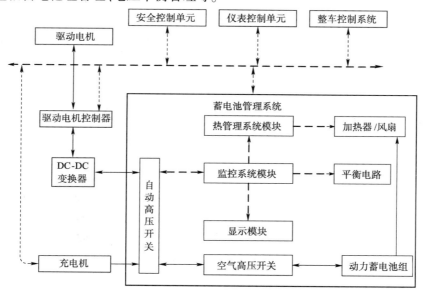

图6-5 蓄电池管理系统基本结构

动力蓄电池管理系统　　　　　　　　　　　　表6-10

名称	序号	说明
蓄电池组管理	1	电压测试、温度测试、电流测试
	2	荷电状态显示、剩余电量显示
	3	自动诊断及报警、安全防护
电线线路管理	1	分组及连接、动力电线束、手动或自动断电器
	2	传感器类型、传感器电线束
温度管理	1	蓄电池组组合方式、蓄电池组分组和支架布置
	2	通风管理系统和风扇
	3	温度管理及温度传感器、热能的管理与应用
电压平衡管理	1	平衡各电池充电量
	2	平衡更换后新电池容量

二、蓄电池管理系统的功能

蓄电池管理系统的主要功能包括：①安全性。系统需要保护单体蓄电池及蓄电池组避免损坏，防止因电池问题产生安全事故；②耐久性，系统需要控制蓄电池尽可能工作在安全区域内，提升蓄电池的使用寿命；③动力性，系统需要控制蓄电池的输出，满足车辆行驶要求。

蓄电池管理系统功能包括测量及监控、安全管理、均衡管理和故障诊断等，见表6-11。

电池管理系统主要功能　　　　　　　　　　　　　　　　　　　表6-11

功　能	说　明
参数检测	对蓄电池组的电压、电流、温度等参数进行动态监测，采集时间间隔一般不大于1s
状态估计	对蓄电池组的荷电状态、健康状态、安全状态、峰值功率状态等进行估计
均衡控制	根据单体蓄电池信息，控制蓄电池组容量接近最小单体电池容量
故障诊断	通过在线监测信息确定故障位置、判断故障的类型等
充电控制	根据蓄电池组充放电特性，利用充电模块控制蓄电池组的整个充电过程
温度管理	保障蓄电池组工作在适当的温度范围内

故障在线诊断对于保障电动汽车行车安全十分重要。动力蓄电池管理系统可以实时监测电池的各类状态信息，进行故障诊断及后续处理。电动汽车的故障分为一般故障、警告故障和严重故障等。动力蓄电池管理系统根据故障等级，通过人机交互接口将故障相关信息及处理信息传达到驾驶人。

蓄电池管理系统的诊断内容包括硬件故障诊断和行车过程诊断，见表6-12。

电池管理系统主要功能　　　　　　　　　　　　　　　　　　　表6-12

类　别	功　能
硬件故障诊断	传感器信号的合理性诊断
	蓄电池组电压信号合理性诊断
	蓄电池组电压的合理性诊断
	起动过程电流信号的合理性诊断
	起动过程温度信号的合理性诊断
行车过程诊断	电压波动诊断
	无模块电压诊断
	无蓄电池组电压诊断
	无温度信号诊断
	电流故障诊断
	流量传感器故障诊断
	模块电压致性故障诊断
	过流故障诊断
	蓄电池组电压变化率的过充诊断

蓄电池管理系统根据故障类型和故障等级预置了失效处理流程及策略,见表6-13。

蓄电池管理系统失效流程　　　　　　　表6-13

步　骤	流　程　内　容
1	设置故障诊断的进入和退出标准
2	进行分时故障诊断
3	动态调节充电过程相关参数
4	动态调节放电过程相关参数
5	故障分级:报警、故障、危险
6	通过显示设备输出故障信息
7	根据故障诊断结果协调控制管理
8	根据故障诊断结果进行高压电控制

三、蓄电池管理系统的组成

图6-6所示为一种蓄电池管理系统的基本组成结构。

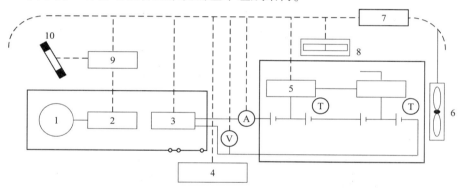

图6-6　蓄电池管理系统的组成

1-驱动电机;2-逆变器;3-继电器;4-充电器;5-动力蓄电池;6-冷却风扇;7-蓄电池管理系统;8-剩余电量SOC(里程)显示器;9-中央空调;10-驾驶人控制信号输入端

第七章　纯电动汽车的驱动电机系统

第一节　纯电动汽车的驱动电机

驱动电机系统是纯电动汽车行驶的核心动力源,它直接决定了车辆的安全性、可靠性。近年来,驱动电机技术迅猛发展,在设计、分析和控制方面都有许多创新和进步,选择并优化驱动电机系统是提高电动汽车整车性能的关键技术之一。

一、电机的基本分类

电机发展到今天已有上百年的历史,种类繁多,分类依据不同,分类内容也各不相同。

1. 按照功能类型分类

按照电机的功能类型可以将电机分为动力设备用电机和控制元件用电机,动力设备用电机的主要任务是能量转换,用于解决能量转换效率等问题;控制用电机又称为微特电机,主要任务是控制信号的传递与转换,解决提高系统可靠性和精度等问题。本章主要讨论为车辆行驶提供驱动力的电机,即驱动电机,因此属于动力设备用电机范畴。

2. 按照工作电源种类分类

工作电源分为直流电源和交流电源两种。通常情况下,电机首先按照工作电源的种类进行划分,再根据电机结构和工作原理进行进一步分类。

直流电源供电的电机为直流电机。在直流电机中,电刷的设置与否是电机结构的重要变革,因此直流电机可以分为直流有刷电机和直流无刷电机。在有电刷的直流电机中,主磁场的励磁形式又存在很多种,如他励直流电机、并励直流电机、串励直流电机、复励直流电机等。

同理,交流电源供电的电机为交流电机,根据其旋转原理的不同,交流电机可分为同步电机、异步电机、开关磁阻电机等。其中,交流异步电机可以根据转子的结构分为鼠笼型异步电机和绕线式异步电机。详细的划分如图 7-1 所示。

随着电动汽车驱动技术的不断发展,很多新型结构的电机也不断涌现,这里将这些新型结构的电机归类为其他电机种类。

二、常用的基本定律

电动机是将电能转换为机械能的电气装置,转换能量的基础是电磁感应理论,而转换能量的耦合介质是磁场,电路系统和磁路系统同时存在并相互作用于电动机工作系统中,因此,基本的电路理论和电磁定律都是理解电动机工作原理的基础,现简述如下。

1. 电路欧姆定律

电路欧姆定律是最基础的电路理论,即流过电阻的电流大小与电阻两端的电压成正比。

对于直流电路有：

$$I = \frac{U}{R} \tag{7-1}$$

式中：U——电压，V；
I——电流，A；
R——电阻，Ω。

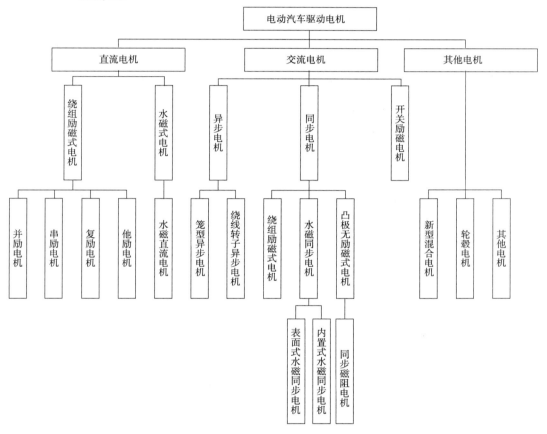

图7-1 电动汽车驱动电机分类

对于交流电路，有：

$$I^g = \frac{U^g}{Z} \tag{7-2}$$

式中：I^g——电流，A；
U^g——总电压，V；
Z——阻抗，Ω。

2.基尔霍夫定律

基尔霍夫定律包括两个定律。第一定律表明所有进入某节点的电流总和等于所有离开该节点的电流总和；第二定律表明沿着闭合回路，所有元件两端的电势差（电压）的代数和等于零。

对于直流电路有：

$$\sum I = 0, \sum U = \sum E \tag{7-3}$$

式中：E——电动势，V。

对于交流电路有：

$$\sum I^g = 0, \sum U^g = \sum E^g \tag{7-4}$$

式中：E^g——感应电动势，V。

3. 电磁感应定律

电磁感应定律也叫法拉第电磁感应定律。磁场中磁通量的变化会对其所在的导体产生感应电动势，这种现象称为电磁感应现象，感应电动势的大小与线圈匝数和线圈所交链的磁通变化率成正比，电动势的正方向与产生它的磁通的正方向符合右手螺旋定则，称为电磁感应定律。电磁感应定律的公式有：

$$e = -N\frac{d\phi}{dt} \tag{7-5}$$

式中：e——感应电动势，V；

N——线圈匝数；

ϕ——磁通量，Wb；

t——时间，s。

4. 电磁力定律

电磁力定律又称为洛伦兹力定律，揭示了磁场对运动的电荷存在作用力，力的大小可由式(7-6)得出：

$$F = BlI \tag{7-6}$$

式中：F——安培力，N；

B——磁感应强度，T；

l——通电导体处在磁场中的长度，m；

I——通电导体中的电流，A。

三、驱动电机控制中的电力电子技术

随着电机应用场合的增加，电机作为电力驱动设备，调速的品质需求越来越高，对供电电源的种类提出了更高的要求。借助功率器件的发展，电力电子技术在电机控制领域得到了广泛的应用。

电力电子技术又称功率变换技术，是将电能种类进行变换，并通过变换达到灵活控制的目的。电能变换的种类及控制技术简述如下。

1. 直流—直流变换（DC/DC 变换）

直流—直流变换是将直流电能变换成负载所需的电压或电流可控的直流电能的一种变换，一般应用在直流电机的驱动系统中。

2. 直流—交流变换（DC/AC 变换）

直流—交流变换是把直流电变换成频率固定或可调的交流电的过程，又称为逆变，一般应用于交流电机的驱动系统中。

3. 交流—直流变换(AC/DC 变换)

交流—直流变换是把交流电压变换成固定或可调的直流电压的过程,又称为整流。

4. 交流—交流变换(AC/AC 变换)

交流—交流变换是把一种形式的交流电变换成频率、电压可调或固定的另一种形式的交流电的过程,只对电压、电流或对电路的通断进行控制而不改变频率的称为电力控制,改变频率的称为变频控制。

5. 脉宽调制控制技术

脉宽调制(Pulse Width Modulation,PWM)控制技术是电力电子变换的核心技术。其控制方式就是对电力电子变换电路中的开关器件进行控制,使输出端得到一系列幅值相等的脉冲,用这些脉冲来代替正弦波或所需要的波形。按一定的规则对各脉冲的宽度进行调制,既可改变逆变电路输出电压的大小,也可改变输出频率。

第二节 电机主要性能指标

作为电动汽车的唯一动力源,驱动电机的参数和性能指标直接影响着电动汽车的动力性和经济性。

一、主要性能指标

按照电机的工作状态,可以将描述电机的性能指标分为起动性能指标和运行性能指标。

1. 起动性能指标

起动性能指标包括起动转矩和起动电流等。起动转矩是指电机在停止状态下加上电压瞬间,电机所产生的转矩,这个指标表征了电机的起动能力;起动电流是电机起动时的最大电流。对于直流电机来说,起动转矩往往很大,故不能直接起动,而交流电动机的起动转矩很小,故不能带载起动。

2. 运行性能指标

描述电机运行性能的指标参数主要有四种。

1) 额定电量参数

额定电压、额定电流、额定功率是一台电机的基本电量参数,是保证电机正常运行的基本性能指标。额定电压是指电机长期运行所承受的工作电压;额定电流是指电机按规定的运行方式下,绕组允许通过的电流;额定电压、额定电流为电机输入电源的电磁功率提供,但电机在工作过程中不可避免会产生功率的损耗,因此,只有电机在正常工作方式下所能提供的输出功率才称为额定功率。另外,对于交流电机来讲,额定频率也是一项基本的工作参数,在电机控制中,额定频率又称为基频。

2) 额定效率

额定效率是指电机输出功率与输入功率之间的比值,是表征一个电机经济性能的指标。

3) 功率因数

功率因数是表征电机从电网中吸收有功功率和无功功率的一个参量。长期工作在低负载条件下,电机的功率因数和效率都比较低,经济性差。

4）机械量参数

电机是将电能与机械能相互转换的电气装置,因此,运行性能指标中还应包含机械参量指标。

电磁转矩是电机旋转磁场各极磁通与转子电流相互作用而在转子上形成的旋转力矩,是电机将电能转换成机械能最重要的物理量之一。电磁转矩也包括很多种类。其中,额定电磁转矩是电机在额定电压、额定负载下,转轴所产生的转矩,与负载产生的转矩存在动态平衡关系。如果电磁驱动转矩大于负载转矩,则转子还会加速旋转;如果电磁驱动转矩小于负载转矩,则转子会降低转速。电机克服负载转矩所产生的最大转矩,定义为最大电磁转矩。电机的最大电磁转矩越大,电机的短时过载能力就越强,习惯上用最大电磁转矩和额定转矩的比值来表示电机的过载能力。负载转矩大于电机最大电磁转矩,造成电机进入堵转状态,此时转矩称为堵转转矩。

转速是表征电机机械能输出的指标之一。

电磁转矩和转速之间可以通过公式(7-7)进行转换。

$$T = 9550 \times \frac{P}{n} \tag{7-7}$$

式中：T——额定转矩,N·m；

P——额定输出功率,kW；

n——额定转速,r/min。

电机种类不同,基本性能指标表现也不相同。不同电机的性能参数比较见表7-1。

表7-1 电机基本性能比较

性能	直流电机	交流电机	开关阻磁电机	永磁同步电机
功率密度	差	一般	一般	好
转矩转速特性	一般	好	好	好
效率	低	一般	一般	高
转速范围(r/min)	4000~8000	12000~20000	>15000	4000~15000
易操作性	最好	好	好	好
可靠性	差	好	好	一般
尺寸及质量	大,重	一般,一般	小,轻	小,轻
成本	高	低	低于交流电动机	高
控制器成本	低	高	一般	高

二、电动汽车对驱动电机的要求

电动汽车在行驶过程中,频繁出现起动、加速、减速、制动等,工况复杂多变,因此,用于驱动电动汽车的电机应满足电动汽车的行驶要求。

1. 高电压

在允许的范围内尽可能采用高电压,这样可以减小电机和导线等装备的尺寸,特别是可以降低功率变换器的成本。

2. 小质量

电机应尽量采用铝合金外壳,以减小电机的质量,还要设法减小电机控制器的质量和冷却系统的质量。

3. 起动转矩和调速范围

较大的起动转矩和较大的调速范围,使电动汽车有较好的起动性能和加速性能,从而获得起动加速、行驶、减速制动等所需的功率与转矩。

4. 高效率、低损耗

应在车辆减速时,实现再生制动将制动能量回收,再生制动回收能量能达到总能量的10%~15%。

5. 高安全性

电气系统的安全性和控制系统的安全性都必须符合国家(或国际)有关车辆电气控制的安全性能的标准和规定,装备有高压保护设备。

6. 高可靠性

耐高温和耐潮性能强,运行时噪声低,能够在较恶劣的环境下长期工作,结构简单,适合大批量生产,使用维修方便。

第三节 电驱动系统组成及特性分析

一、电驱动系统组成

电动汽车的电驱动系统是以驱动电机为主体的传动系统,基本组成包括电机驱动系统及机械传动机构两大部分。

纯电动汽车电驱动系统结构如图7-2所示。

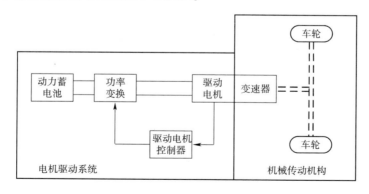

图7-2 纯电动汽车电驱动系统结构

电驱动系统包括电源(动力蓄电池组)、功率变换装置、各种检测传感器、驱动电机控制器等;而机械系统包括机械传动机构和车轮。驱动电机是驱动技术的关键执行元件,一般可选用直流电机、交流电机、永磁无刷电机或开关磁阻电机等;功率变换装置根据驱动电机的类型将动力蓄电池提供的直流电能进行转换,利用前述电力电子变换技术转换为满足控制需求的电能形式;检测传感器可将系统的电压、电流、速度、转矩、温度等变量提供给驱动电机控制器,驱动电机控制器根据反馈值以及驾驶人操作、加速、减速、制动等信号进行综合判断和评价,并向功率变换器发出指令信号,调整系统的工作特性,经过传动机构,有效地驱动车轮行驶。

二、电驱动系统的特性分析

作为纯电动汽车的唯一动力源,电驱动系统特性需要满足车辆性能指标的要求。

(1)高功率密度和高瞬时输出功率。

(2)尽可能接近理想汽车驱动。即低于额定工作转速为恒转矩输出、高于额定转速为恒功率输出。在电动汽车低速或者爬坡时,提供低速大转矩输出,高速时能为巡航提供高速低转矩特性。

(3)具有宽调速范围,包括恒转矩区和恒功率区。

(4)转矩响应快速。

(5)在较宽的转速和转矩工作区内,保持较高的能量效率。

(6)再生制动时,实现高的能量回收效率。

(7)在各种工况下,具有较高的可靠性和鲁棒性。

此外,电驱动系统特性还应满足驾驶需求及能量系统约束,因此电驱动系统的性能确定应系统优化,考虑各个子系统间的匹配,可以在系统仿真和驾驶模拟的基础上进行确定。

第八章　纯电动汽车驱动电机控制策略

第一节　直流电机及其控制策略

直流电机是电动汽车领域应用最早的驱动电机,由于其具备良好的调速性能、较强的过载能力及控制简单等优势,曾经受到广泛的应用。然而,由于换向器的存在,导致直流电动机本身存在的换向火花、电刷磨损等问题,这些问题不仅增加了电动汽车的维护成本而且降低了电动汽车的安全性,因此,逐渐被交流电机或直流无刷电机取代。目前直流电机只应用于小型或越野型电动汽车。

一、直流电机的结构

直流电机的结构是由定子(固定部分)和转子(旋转部分)两大部分组成。定子与转子之间存在间隙,称为气隙。

1. 定子

直流电机定子是整个电机的机械支撑,用于产生气隙磁场。主要包括机座、主磁极、换向机、端盖、电刷等装置。

1)机座

机座通常为铸钢件,也有采用钢板焊接而成。它兼顾机械支撑和导磁磁路两个作用,既用来作为安装电机所有零件的外壳,又是联系各磁极的导磁铁轭。

2)主磁极

主磁极由主磁极铁芯和励磁绕组两部分组成。一般采用薄钢板冲片叠压后用铆钉钉紧成一个整体后即为主磁极铁芯,最后用螺钉固定在机座内壁;励磁绕组采用绝缘铜线或铝线绕制而成(用于小型电机),或采用扁铜线绕制(用于大中型电机),并进行绝缘处理,然后套在主极磁铁芯外面。直流电机中由主磁极产生的磁场称为主磁场。

3)换向极

换向极又称为附加极,它装在两个主极之间,用来改善直流电机的换向。换向极由换向极铁芯和换向极绕组构成。换向极铁芯大多用整块钢加工而成,但在整流电源供电功率较大的电机中,为了更好地改善电机换向,换向极铁芯也采用叠片结构。换向极绕组与主极励磁绕组也是用圆铜线或扁铜线绕制而成,经绝缘处理后套在换向极铁芯上,最后用螺钉将换向极固定在机座内壁。

4)电刷装置

电刷装置的作用是通过电刷与换向器表面的滑动接触,把转动的转子绕组与外电路相连。电刷装置一般由刷杆座、弹簧、刷杆、电刷、刷握及绝缘杆等部分组成。电刷一般用石墨粉压制而成,安装在刷握内,用弹簧压紧在换向器上,刷握、刷杆组成一个整体固定在刷杆座上。

2. 转子

转子又称电枢，主要由转轴、电枢铁芯、电枢绕组和换向器等组成。

1）转轴

转轴的作用是传递转矩，一般用合金钢锻压而成。

2）电枢铁芯

电枢铁芯是电动机磁路的一部分，也是承受电磁力作用的部件。当电枢在磁场中旋转时，电枢铁芯中将产生涡流和磁滞损耗，为了减小这些损耗的影响，电枢铁芯通常用硅钢片冲片叠压而成，电枢铁芯固定在转轴上。电枢铁芯冲片沿铁芯外圈均匀地分布有槽，用于嵌放电枢绕组。

3）电枢绕组

电枢绕组通常都用圆形或矩形截面的导线绕制而成，按一定规律嵌放在电枢铁芯槽内，上下层之间以及电枢绕组与铁芯之间都要妥善地绝缘。电枢绕组的作用是产生感应电势，并进一步产生电磁转矩，实现机电能量转换。它是直流电机的主要电路部分。

4）换向器

换向器由许多换向片组成，换向片间用云母片绝缘。换向片凸起的一端称为升高片，用以与电枢绕组端头相连，换向片下部做成燕尾形，利用换向器套筒、V形压圈及螺旋压圈将换向片、云母片紧固成一个整体。在换向片与换向器套筒、压圈之间用 V 形云母环绝缘，最后将换向器压装在转轴上。换向器的作用是机械整流，即在直流电动机中，它将外加的直流电流逆变成绕组内的交流电流；在直流发电机中，它将绕组内的交流电势整流成电刷两端的直流电势。

二、直流电机的工作原理

直流电机的工作原理基于基本电磁定律，即：带电导体在磁场中受到力的作用。直流电机的输入信号为电压，输出信号为转速信号。

用简单的两极电机模型来说明直流电机的工作原理，模型如图 8-1 所示。其中，磁极 N、S 代表定子上固定不动的两个主磁极，用于产生主磁场。空间中存在一个铁制圆柱体代表电枢铁芯，铁芯装在转轴上，导体 ab、cd 固定在电枢铁芯表面的径向相对位置，并连接成一个线圈，线圈的 a 端、d 端分别连接到两个弧形铜片 1、2（又称换向片）上，换向片 1 和 2 固定在转轴上，随着转轴一起转动。换向片之间、换向片与转轴之间均互相绝缘，共同组成换向器。导电片 A、B 代表电刷，与换向片紧密贴合，滑动接触。磁极中心线称为磁极轴线，N、S 极之间的中心为几何中心线。

主磁场的产生可以采用永久磁铁，也可以采用电磁铁，即在铁芯的励磁线圈上通以方向不变的直流电流。产生的磁通由 N 极出发经过电枢铁芯进入 S 极。电枢绕组外接直流电源，如图 8-1 所示，电枢中瞬时电流的方向为电源正极出发经过电刷 A、换向片 1、导体 ab、导体 bc、导体 cd、再流经换向片 2、电刷 B 最终流回电源负极。

根据电磁力定律，载流导体在磁场中受到力的作用。如果导体在磁场中的长度为 L，流过的电流为 i，导体所在的磁通密度为 B，那么导体所受到的电磁力的大小为：

$$F = BLi \qquad (8-1)$$

式中：F——电磁力，N；
  B——磁通密度，Wb/m^2；
  L——导体在磁场中的长度，m；
  i——通过的电流 A。

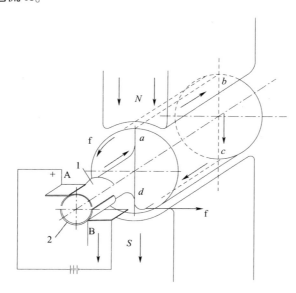

图 8-1　直流电动机工作原理图

电磁力的方向可以采用左手定则来确定，据此判断图 8-1 中导体受力情况。导体 ab 位于 N 极下，瞬时电流方向为 a→b，因此导体所受电磁力的方向为从右向左，同理分析导体 cd 位于 S 极下，受力方向从左向右，这一组电磁力对转轴便形成逆时针方向的电磁转矩 T，电机就旋转起来。当电枢线圈旋转 90°后，电刷不与换向片接触，而与换向片间的绝缘片相接触，此时线圈中没有电流流过，$i=0$，故电磁转矩 $T=0$。但由于机械惯性的作用，电枢仍能转过一个角度，电刷 A、B 又将分别与换向片 2、1 接触。线圈中又有电流 i 流过，此时，导体 ab、cd 中电流改变了方向，即为 b→a，d→c，但每个磁极下导体元件中的电流方向不变，因此，电枢线圈仍然受到逆时针方向电磁转矩的作用，电枢始终保持同一方向旋转。

可以看出，在直流电机中，虽然电刷两端外加直流电源，但在电刷和换向器的作用下，线圈内部导体元件中流动的是交流电，进而产生了单方向的电磁转矩，驱动电机持续旋转。

1. 直流电机的励磁方式

从直流电机的工作原理可知，恒定的主磁场有利于电机的旋转，因此主磁场的产生方式对直流电机的控制具有重要的作用。主磁场是通过能源激励产生，因此磁场产生方式又称励磁方式，直流电机的励磁方式分为永磁式和电励磁式两种方式。永磁式是指磁场由永久磁体产生，电励磁式是指在励磁绕组通入恒定直流电源，产生恒定主磁场。电励磁式可以根据励磁线圈的供电电源是否为独立电源，又分为他励励磁和自励励磁两种形式。自励励磁的电机可以有并励、串励、复励三种连接形式。直流电机的各种励磁方式如图 8-2 所示。

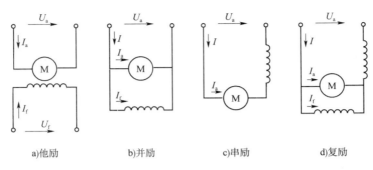

a) 他励　　b) 并励　　c) 串励　　d) 复励

图 8-2　直流电机的励磁方式

2. 他励励磁方式

他励励磁的直流电机中励磁回路与转子电枢回路为两个独立电源供电,如图 8-2a) 所示,可以分别控制励磁电流和电枢电流来实现对电机的控制,具有良好的线性特性和较宽的调速范围,应用最为广泛。本章所介绍直流电机控制,均以他励直流电机为主。

3. 自励励磁方式

自励励磁的电机中励磁回路与转子回路供电采用同一个供电电源。其中,并励励磁的电机励磁绕组和电枢绕组并联,如图 8-2b) 所示;串励励磁电机的励磁绕组与电枢绕组为串联形式,可以在低速时获得比较大的转矩。如图 8-2c) 所示;复励电机的主磁极有两个励磁绕组,一个与电枢回路并联,一个与电枢回路串联,如图 8-2d) 所示。

从图中可以看出,他励电机励磁绕组和电枢绕组独立可控,机械特性曲线成线性,转矩的增加导致转子速度的下降,串励电机励磁绕组和电枢绕组电流相等,转矩增加的同时,励磁磁通也增加,最终引起转速的下降。起动转矩和低速区转矩相对较大,适合要求简单、频繁加减速的低速电动汽车驱动领域。

三、直流电机的控制策略

1. 直流电机的内部电磁规律

直流电机将电枢电源供给的电能转换为转轴上机械负载消耗的机械能输出,运行过程中电压的平衡作用和转矩的平衡作用同时存在。具体表现为如下四个关系式。

旋转的导体受到力的作用,同时感应出感应电动势,表达式为:

$$E_a = C_e \phi n \quad (8-2)$$

式中:C_e——常数,由电机本身的结构参数决定;

　　　ϕ——每极磁通,Wb;

　　　n——电枢转速,r/min。

电枢回路中电压的平衡关系为:

$$U_a = E_a + I_a R_a \quad (8-3)$$

式中:U_a——电枢两端的电压,V;

　　　E_a——电枢内部感应电动势,V;

　　　I_a——电枢电流,A;

　　　R_a——电枢绕组内阻,Ω。

电机所产生的电磁转矩表达式为：

$$T = C_T \phi I_a \tag{8-4}$$

式中：C_T——转矩常数；
ϕ——每极磁通，Wb；
I_a——电枢电流，A。

转矩也存在平衡关系：

$$T = T_0 + T_L \tag{8-5}$$

式中：T_0——阻转矩，N·m；
T_L——负载转矩，N·m。

2．直流电机的控制策略

根据直流电机的工作原理和内部电磁规律可知，直流电机的励磁绕组和电枢绕组可以分别独立控制，因此，直流电机的控制也可以分为以调节转速为目标的转速控制和以调节转矩为目标的转矩控制。直流电机的这种独立控制原理简单清晰，为电机控制思想奠定了重要基础。

1）转速控制

由直流电机的电压平衡关系可推导转速公式为：

$$n = \frac{U_a}{C_e \phi} - \frac{R_a I_a}{C_e \phi} \tag{8-6}$$

式中：n——电枢转速，r/min；
U_a——电枢两端的电压，V；
C_e——常数，由电机本身的结构参数决定；
ϕ——每极磁通，Wb；
R_a——电枢绕组内阻，Ω；
I_a——电枢电流，A。

可以看出，稳态转速大小与电机参数、电枢电压及励磁磁通有关，通过调节电枢电压和励磁电流对电机的转速进行控制。

电枢电压控制就是指在定子磁场固定情况下，通过改变电枢电压大小和极性来控制电机转速大小和方向的控制方法。此种方法所具备的优点是，由于电枢电阻压降很小，稳态下，电枢电压的变化直接影响转速电势的变化，对于恒定的励磁磁通，转速电势的变化伴随着转速成比例的变化，即电枢端电压直接控制电机的转速。由于电枢电压的调节不能超过额定电压的数值，所以该控制方法只能在直流电机基速以及基速以下进行控制。

对于给定的电枢电压和负载转矩，电机的转速将随着励磁电流减小而增加，或随着励磁电流的增加而减小，因此也可以通过调节励磁电流来调节直流电机的转速。由于电枢电压保持不变，感应电动势也为恒定值，电机的最大输出功率为常量，最大转矩与转速成反比变化，因此这种方式控制的直流电机为恒功率驱动。受磁饱和及机械紧固性限制，励磁电流控制的转速调节范围有限，适用于低速时需要转矩增大的驱动场合，用于电机基速以上调节。

为了尽可能增大电机的调速范围，往往结合电枢电压控制与励磁电流控制，组成双重控制。基准转速(基速)定义为电机在额定电压、额定磁通下取得的转速。基速以下采用电枢电压控制来调整转速,基速以上为保持端电压恒定,减小励磁电流调整电机转速。转速控制过程如图8-3所示。

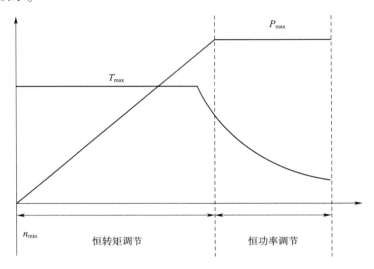

图 8-3 转速控制过程

2) 转矩控制

从直流电机的内部电磁关系式可以看出,电磁转矩 T 正比于电枢电流 I,因此转矩可以通过控制电枢电流来进行控制。在实际应用中,电枢电流控制往往采用电力电子线路来实现。如图8-4所示,可以利用三种控制结构来实现电枢电流的控制。

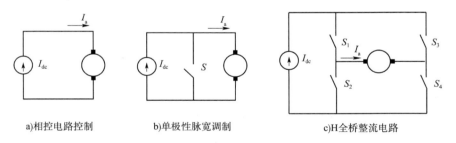

图 8-4 电枢电流控制的三种结构

在图 8-4a)中,利用电力电子变换器中相控整流电路与滤波电感实现可变直流供电,直接给电机的电枢接线端供电;在图 8-4b)中,利用直流斩波等拓扑结构结合脉宽调制技术改变电枢电流;图 8-4c)为常用的 H 桥全桥整流电路,配合 PWM 调制技术,从而产生直流电压范围内任何期望的电枢电流。

3. 直流电机控制系统

直流电机控制系统基本结构如图8-5所示。在实际应用中往往采用双环控制线路进行直流电机的控制,其中外环为速度环,内环为转矩控制,又为电流环。外环速度控制器为内环转矩控制提供参考转矩,除了转矩的快速响应外还能将直流电机的电枢电流限制在一个可以接受的程度。

第八章 纯电动汽车驱动电机控制策略

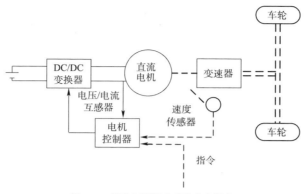

图 8-5 直流电机驱动系统基本结构

第二节 交流异步电机及其控制策略

换向器与电刷的存在大大限制了直流电机的应用与发展,于是,在电动汽车驱动电机的选择上逐渐倾向于无换向器的结构,其中,交流异步电动机以其体积小、坚固耐用、运行可靠、功率密度高等优势,受到了广泛关注,并发展成为电动汽车电机驱动最为成熟的驱动方式。

一、交流异步电机的结构

交流异步电机的结构主要由两部分组成,即定子部分和转子部分。为了保证转子能在空间内自由转动,定子和转子之间必须有一个间隙,称为气隙。电机的气隙是一个非常重要的参数,其大小及对称性等特性对电机的性能有很大影响。

1. 定子

交流异步电机的定子由定子绕组、定子铁芯和机座组成。

定子绕组是异步电机电路组成部分,是定子磁场产生的主要能源,在异步电机的运行中起着很重要的作用。根据供电电源类型,定子绕组可以为三相绕组或单相绕组。以三相定子绕组为例,绕组的结构是对称的,一般有六个出线端,如图8-6所示,六个出线端为 U、V、W、U_1、V_1、W_1,分别置于机座外侧的接线盒内。为了改变绕组供电电压等级,六个出线端在原理上可以接成星形(Y)或三角形(△)两种形式,对应接线盒内的连接方式,如图8-6所示。

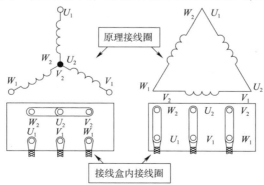

图 8-6 三相异步电机定子绕组出线端

定子铁芯是异步电机磁路的一部分，一般采用0.5mm厚的高导磁电工钢片叠成，电工钢片两面涂有绝缘漆以减小铁芯的涡流损耗。中小型异步电机定子铁芯一般采用整圆的冲片叠成，大型异步电机的定子铁芯一般采用扇型冲片拼成。每个冲片内圆开槽，冲片叠装后形成凹槽，用于放置定子绕组。槽的形状由电机的容量、电压及绕组的型式而定。绕组放置在铁芯线槽后进行浸漆处理，一起固定在机座内。

机座又称机壳，它的主要作用是支撑定子铁芯，同时也承受整个电机负载运行时产生的反作用力，运行时内部损耗所产生的热量也是通过机座向外散发的。

2. 转子

交流异步电机转子的结构由转子铁芯、转子绕组及转轴组成。

转子铁芯是电机磁路的一部分，使用电工钢片叠成。与定子铁芯冲片不同的是，转子铁芯冲片是在冲片的外圆上开槽，叠装后的转子铁芯外圆柱面上均匀地形成许多形状相同的槽，用以放置转子绕组。

转子绕组是异步电机电路的组成部分。按照绕组的结构可以分为鼠笼式转子绕组和绕线式转子绕组两种类型。鼠笼式转子绕组由置于转子槽中的铝条和两端的端环构成，绕组自行闭合，无外界电源供电，因外型很像一个鼠笼，故称鼠笼式转子。

绕线式转子绕组结构类似于定子绕组，由绝缘导线组成的三相对称绕组，嵌放在转子铁芯槽内，一般为星形接法，三根引出线分别接到固定在转轴上并互相绝缘的三个集电环上，再通过安装在端盖上的电刷装置与集电环接触，把电流引出来。与鼠笼式转子比较，绕线式转子的缺点是结构复杂，价格较贵，运行可靠性差，只适用于起动电流小、起动转矩大的场合。而鼠笼式转子结构简单，制造方便，经济耐用，逐渐被广泛应用，因此，本章所提及的交流异步电机均为鼠笼式转子结构。

转子转轴是整个转子部件的安装基础，是力和机械功率的传输部件，整个转子靠轴和轴承被支撑在定子铁芯内腔中。

3. 气隙

气隙是指电机中定子和转子之间的空隙，是异步电机中产生磁路磁阻的主要因素。由于气隙的存在，异步电动机的磁路磁阻较大，要产生同样大小的磁场，需要通入较大的励磁电流，然而励磁电流为无功电流，较大的励磁电流势必降低异步电机的功率因数。因此，短气隙长度是提高异步电机功率因数的有效方法。但是气隙过小又会给电机装配和运行带来困难，因此，气隙的最小值由制造工艺以及运行安全可靠等因素决定，中小型电机一般为0.2~2mm。

4. 其他部件

除了转子、定子等主要结构，异步电机在机座的两端装有端盖，端盖上安装了轴承来支撑转子，还设有冷却电机的风扇。轴承的存在保证了定子和转子旋转时具有较好的同心度。

二、交流异步电动机的工作原理

交流异步电机的工作原理主要基于电磁感应定律，即导体切割磁力线会感应出感应电动势和感应电流。

首先，三相交流电源通入定子的三相对称绕组，产生电机主磁场。区别于直流电机的恒定磁场,三相异步电机产生的磁场是在空间气隙旋转的磁场,如图8-7a)所示。图8-7a)中,空间旋转磁场用 B 表示,旋转磁场的旋转速度定义为同步转速 n_1,转子的旋转速度为 n。为了说明情况,建立工作原理示意图,如图8-7b)所示,使用一对旋转的磁极 N、S 来表示旋转磁场,中间圆形为转子铁芯横截面,上面镶嵌一条导体来代表鼠笼式转子导体。

鼠笼型转子导体为自闭合回路,没有外界电源供电,转子旋转的工作原理是:当主磁场在电机内部空间以 n_1 速度进行旋转,主磁场与转子之间产生了相对运动,即主磁场切割转子导体运动,相对运动使磁场在转子导体中产生感应出感应电势,由于转子导体为闭合回路,感应电动势可以转化为感应电流,如图8-7b)所示,⊕表示转子导体横截面中流入的感应电流,⊙表示转子导体横截面中流出的感应电流。转子中产生的感应电流又受到主磁场的作用,产生电磁力,进而产生电磁转矩 T,最终使转子以转速 n 旋转,从而把电能转换成机械能。

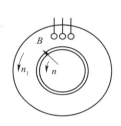
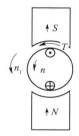

a)异步电机主磁场转速和转子转速　　b)异步电机工作原理示意图

图8-7　三相异步电机工作原理

利用电磁基本定律进行判断可知,转子旋转方向与主磁场旋转方向相同,但异步电机的转速 n 总是略低于同步转速 n_1,以便气隙中的旋转磁场与转子能产生相对运动,进而产生感应电势和感应电流,从而能够产生足够的电磁转矩来拖动转子旋转。如果转子的转速与同步转速相等,转向又相同,则气隙旋转磁场与转子导体之间没有相对运动,因而转子导体中就不会产生感应电势和电流,电机的电磁转矩也将为零。可见,异步电机旋转的必要条件是磁场的同步转速 n_1 和转子的转速 n 不相等,即 $n_1 \neq n$,这也是"异步"名称的由来。又由于异步电机的转子绕组并不直接与电源相接,而是依靠电磁感应的原理来产生感应电势和电流,从而产生电磁转矩使电机旋转,因此,异步电机又被称为"感应电机"。

同步转速 n_1 和转子转速 n 的差值被称为转差,转差与同步转速 n_1 的比值被称为转差率,用 s 来表示转差率,如式(8-7)所示。

$$s = \frac{n_1 - n}{n_1} \tag{8-7}$$

式中:s——转差率;

n_1——同步转速,r/min;

n——转子转速,r/min。

转差率是异步电机的一个基本变量,它可以表示异步电机的各种不同运行状态。

(1)在电机刚起动时,转子转速 $n=0$,则 $s=1$,转子切割旋转磁场的相对速度最大,转子中的电势及电流也最大。如果电机产生的电磁转矩足以克服机械负载的阻力转矩,转子就开始旋转,转速会不断上升。

(2)随着转子转速 n 的上升,转差率 s 减小,转子切割旋转磁场的相对速度减小,转子中的电势及电流也减小。在额定状态下,转差率 s 的数值通常都是很小的,中小型异步电机的转差率约为 0.01~0.07,转子转速与同步转速相差并不很大。而空载时,因阻力矩很小,转子转速很高,转差率则更小,约为 0.004~0.007,可以认为转子转速近似等于同步转速。

(3)假设 $n_1 = n$,则转差率 $s = 0$,此时转子导体不切割旋转磁场,转子中就没有感应电势及电流,也不产生电磁转矩。

可见,电机运行时,转速 n 的变化范围为 $0 \sim n_1$,而转差率的变化范围为 $1 \sim 0$。因此,三相异步电机的转速可用转差率来计算,即:

$$n = (1-s)n_1 \tag{8-8}$$

式中:n——转子转速,r/min;
 s——转差率;
 n_1——同步转速,r/min。

三、交流异步电机的控制策略

1. 交流异步电机的电磁规律

交流异步电机内部的电磁规律是电机控制理论的基础,是控制方法的重要依据。

定子绕组通入三相电源后,在空间产生旋转的磁场,称旋转磁场的转速为"同步速",其值的大小为:

$$n_1 = \frac{60f}{p} \tag{8-9}$$

式中:f——通入定子电流的频率;
 p——电机的极对数。

由式(8-8)可进一步表达异步电机转子的转速为:

$$n = \frac{60f}{p}(1-s) \tag{8-10}$$

由于空间磁场的旋转,气隙磁通在定子绕组上也产生感应电动势,稳态情况下,感应电动势的有效值为:

$$E = 4.44fN_sK_s\phi \tag{8-11}$$

式中:N_s——定子绕组串联匝数;
 K_s——基波绕组系数;
 f——通入定子电流的频率。

2. 交流异步电机的控制策略

1)基于稳态模型的变频调速控制

式(8-10)表明异步电机的转速与定子的供电频率、电机极对数、转差率有关,而定子的供电频率是最直接、最有效地转速控制变量,因此异步电机速度控制离不开"变频调速"。但是在变频调速的实际应用中,控制转速的同时还需要关注电机是否具备良好的机械特性。

良好的机械特性取决于系统中磁极的磁通。磁通下降则异步电机电磁转矩减小,严重时可造成堵转;反之,磁通上升会造成电极磁路饱和,电磁能量无法释放导致铁芯过热,降低电机输出频率,严重时会烧毁电机。与直流电机控制不同的是,交流异步电机只有定子供电,无法实现磁通、转速的独立控制。根据异步电机的稳态模型,控制电机转速的同时保持磁通恒定,可以采用恒压频比控制方法和转差频率控制方法。

根据异步电机内部电磁规律,定子每相绕组感应电动势式(8-11)与磁通相关,要想保持磁通 Φ 恒定,调节电机频率 f 的同时必须调节电动势 E,因此产生了电动势有效值与频率之比为常数的"恒压频比"控制方式,即 $E/f = C$。当定子频率较高,可以忽略定子绕组的阻抗压降,通过直接控制定子相电压达到控制定子感应电动势目的,因此又称为"变压变频控制"。当然,受定子额定电压的限制,频率的调节范围也有限,"恒压频比"控制方式适用于额定频率 f_N,即基频以下的调速范围。对于基频以上的速度调节,不能保持磁通恒定,只能适当调节频率,迫使磁通随频率成反比降低,降低的范围有限,但保持输出功率的恒定,相当于直流电机弱磁升速。因此异步电机的变频调速控制将分为基频以下和基频以上两种情况。

把两种情况结合起来可以得到异步电机控制特性,如图8-8所示。基频以下,磁通恒定转矩也恒定,为"恒转矩调速"控制;基频以上,转速升高、转矩降低,属于"恒功率调速"。这种控制方法优点是结构简单、工作可靠;缺点是控制方法基于异步电机的稳态模型标量控制,动态性能差,很少应用在高性能电动汽车的驱动中。

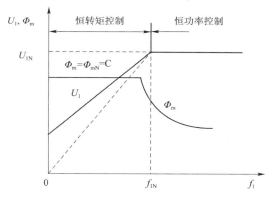

图8-8　异步电机变压变频调速控制特性

能够在控制电机转速的同时保持磁通恒定的控制方法,除了恒压频比控制外,还有闭环转差频率控制方式,它是恒压频比控制的一种改进,有助于改善异步电机的静、动态性能。

2)矢量控制

基于稳态模型的变频调速控制,其被控变量(定子频率 f、定子电压 U 等)都是幅值意义上的控制,忽略了相位的控制,因此,很难获得良好的动态性能。而调速系统的动态性能实质上是控制其转矩的能力,相比于直流电机,异步电机是一个多变量、强耦合、非线性的时变参数系统,需要进行系统参数的进一步解耦。

为了模拟直流电机灵活独立的控制规律,1971年德国学者 Blaschke 等人首先提出了交流异步电机的矢量控制思想,实现了交流电机磁通和转矩的解耦控制,显著改善了异步电机的动态性能,并在此控制框架上为更高性能的控制策略奠定了基础。

矢量控制是通过坐标变换实现对被控量的解耦,但单纯的坐标变换对电机精准控制没有任何意义,一定是基于电机某一旋转磁场而建立的特定旋转坐标系下的坐标变换,因此,矢量控制又称为磁场定向控制(Field Orientation Control,FOC)。磁场定向的方式有三种:气隙磁场定向、转子磁场定向和定子磁场定向。其中,转子磁场定向基本实现了完全的参数解耦控制,在电动汽车驱动方面得到了较多的关注。

基于转子磁链定向的矢量坐标变换原理,如图 8-9 所示。首先,将异步电机在三相坐标系下的定子电流 i_A、i_B、i_C,通过 Park 变换等效成两相静止坐标系下的交流电流 $i_{s\alpha}$、$i_{s\beta}$,再通过按转子磁场定向旋转变换(Clark 变换),等效成同步旋转坐标系下的直流电流 i_{sm}、i_{st}。其中,i_{sm} 相当于直流电机的励磁电流,i_{st} 相当于与转矩成正比的电枢电流,实现了定子电流的完全解耦。以 i_{sm}、i_{st} 作为输入进行等效,可以将交流异步电机进行等效直流模型的变换,获得转子磁链控制量 Ψ 和转速控制量 ω。

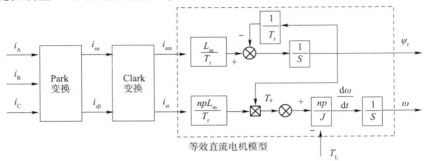

图 8-9 异步电机矢量变换及等效直流电机模型

采用反馈闭环控制后,各控制量才能达到稳定状态;采用电流闭环控制则转子磁链为稳定的惯性环节;转速闭环控制后才能稳定其存在的积分环节。矢量控制系统闭环控制原理如图 8-10 所示。反馈量通过与给定信号的比较,获得类似直流电机的控制量,经过坐标反变换,实现异步电机的控制。

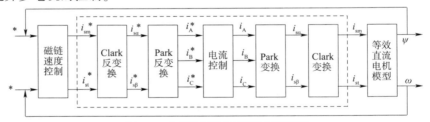

图 8-10 矢量控制系统闭环控制原理图

矢量控制系统基本的控制结构,如图 8-11 所示。电流调节器输出决定了控制电压 u_α 和 u_β 的给定,再经过 SVPWM 控制的逆变器输出三相电压。

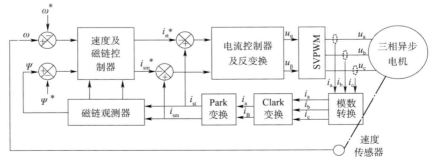

图 8-11 矢量控制系统的基本控制结构

转子磁场定向的矢量控制系统控制的关键问题是的准确定向,因此转子磁链矢量的空间位置是一个非常重要的参数。此外,在构成转子磁链的反馈及转矩控制时,转子磁链的幅值也是不可缺少的信息。因此,需要对转子磁链进行观测。

3)直接转矩控制

直接转矩控制(Direct Torque Control,DTC)是一种先进的标量控制方法,其核心思想于1977年发表在 IEEE 期刊上,并在1985年首次由德国的 M. Depenblock 教授应用成功,凭借优良的静、动态性能得到了迅速的发展。

直接转矩控制在很大程度上解决了矢量控制中计算复杂、易受电机参数变化影响等一些重要的技术问题,不需要与直流电机进行比较、等效、转化,信号处理简单,其直接把转矩作为被控量进行控制,强调转矩的直接控制效果。直接转矩控制与矢量控制技术相比,对电机参数不敏感,不受转子参数影响,简单易行,具有广阔的发展前景。

直接转矩控制的基本原理如图 8-12 所示。在定子坐标系下分解交流异步电机模型,用磁链模型和电磁转矩模型获得磁链和转矩数据,采用定子磁场定向,借助离散两点式调节与给定值比较产生滞环比较信号,再由电压空间矢量选择表经过逻辑控制进行逆变器开关控制,以获得转矩的高动态性能。

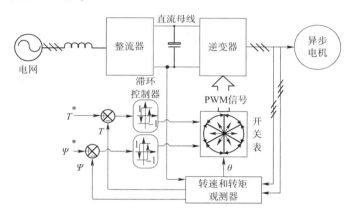

图 8-12 直接转矩控制基本思想框图

4)先进控制策略

为追求高质量的感应电机驱动性能,很多先进的控制策略都被应用在驱动控制器中,如自适应控制、滑模变结构控制、效率优化控制等。

模型参考自适应控制(Model Reference Adaptive System,MRAS)的基本结构包括参考模型、可调模型和自适应机构三部分,通过两个模型输出误差,由自适应机构进行调整,其目标是使可调模型的性能指标不断接近参考标准模型的性能指标,原理如图 8-13 所示。目前已经在电动汽车驱动上应用。

滑模变结构控制(Variable Structure Control,VSC)是一种非线性控制方法。系统根据当前的状态,按照预先设定的"滑动模态"轨迹运动,"变结构"是指控制器的结构会在控制过程中发生变化。由于理想运动轨迹进行了预先设定,靠控制器的调整保证系统始终停留在理想运动轨迹上,因此,此种控制方法对不确定系统具有较强的鲁棒性和抗干扰性,但滑模变结构控制本身存在抖振现象,也是在应用中需要解决的问题。

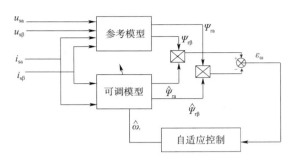

图 8-13 基于 MRAS 的转速观测器设计

随着控制理论的发展,先进的控制策略不断应用于电机的驱动,使电机稳态及动态性能不断提升,为电动汽车的驱动发展做出了重要贡献。

第三节 永磁同步电机及其控制策略

同步电机是因其转速与气隙旋转磁场转速保持严格同步而得名,如前所述,气隙旋转磁场转速与供电频率成正比,因此,只要供电频率恒定,同步电机的转速就恒定,与负载大小无关。永磁同步电机是指励磁磁动势由永久磁体产生,具有快速响应、高功率密度、体积小等优点,主要用于中小功率范围内的电机驱动。

一、永磁同步电机的结构

与异步电机一样,永磁同步电动机也是由定子和转子两大部分所组成。

1. 定子

同步电机的定子与异步电机定子结构基本相同,都是由定子铁芯、三相对称绕组以及固定铁芯用的机座和端盖等部件组成。

2. 转子

同步电机的转子多为采用稀土永磁材料做的磁钢,按照永磁体在转子上位置的不同,永磁同步电机可以分为表面式和内置式两种。表面式是使用环氧黏合剂或楔形块固定在圆柱形转子的表面,如图 8-14a)、图 8-14b) 所示;内置式转子是将永磁体安装在转子的内部,以保护永磁体,工艺相对复杂,成本高,如图 8-14c) 所示。

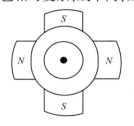 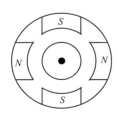 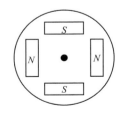

a) 表面式凸型转子结构　　b) 表面式内嵌型转子结构　　c) 内置式转子结构

图 8-14 永磁同步电机转子结构

二、永磁同步电机的工作原理

当三相电流通入三相绕组时,定子中就会产生旋转磁场。旋转磁场的转速即为同步转速:

$$n_s = \frac{60f}{p} \tag{8-12}$$

式中：f——电源频率；

p——电机极对数。

同步电机工作原理如图 8-15 所示。将定子产生的旋转磁场以磁极形式表示,并朝着图示的逆时针旋转。转子由永磁体组成,形成固定的 NS 极。根据 N 极与 S 极互相吸引的原理,定子旋转磁极与转子永久磁极紧紧吸住,并带着转子一起旋转。由于转子是由旋转磁场带着转的,因而转子的转速应该与旋转磁场转速（即同步速 n_s）相等。当转子上的负载阻转矩增大时,定子磁极轴线与转子磁极轴线间的夹角 θ 就会相应增大；当负载阻转矩减小时,θ 又会减小。两对磁极间的磁力线如同弹性的橡皮筋一样。尽管负载变化时,定、转子磁极轴线之间的夹角会变大或变小,但只要负载不超过一定限度,转子就始终跟着定子旋转磁场以恒定的同步速 n_s 转动。

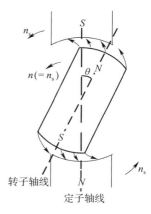

图 8-15　同步电机工作原理

三、永磁同步电机的控制策略

永磁同步电机的基本控制策略也分为变频变压控制、矢量控制、直接转矩控制三大类,新型先进的控制策略应用也是在上述控制框架基础上发展而成。其中,变压变频控制为开环控制,动态性能不理想,适合控制精度不高的场合。目前,利用率较高的控制系统即矢量控制系统和直接转矩控制系统。

1. 矢量控制

高性能的永磁同步电机通常采用转自磁场定向的矢量控制技术。与异步电机相同,矢量控制的基本思想是模仿直流电机的控制特性,将控制系统分为转速控制和电流控制。矢量控制系统的控制框图如图 8-16 所示。外环为转速环,内环为转矩和磁通控制。与异步电机不同的是,如果采用转子磁场定向的矢量控制系统,可以设定磁场电流的给定为零,即 $i_d = 0$,这样进一步简化了控制算法,有效输出转矩。

2. 直接转矩控制

直接转矩控制基本思想是依据同步电机数学模型中电压与转矩、磁链的关系,利用电压空间矢量直接控制电机的转矩和磁链,控制算法与异步电机相同。直接转矩控制框图如图 8-17 所示。

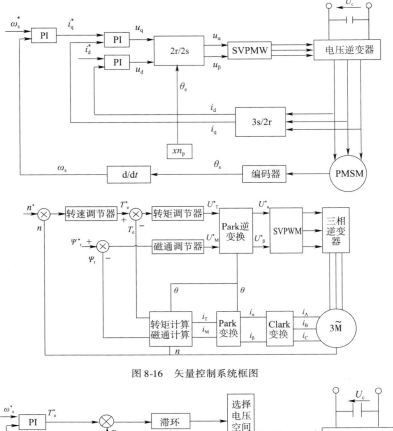

图 8-16 矢量控制系统框图

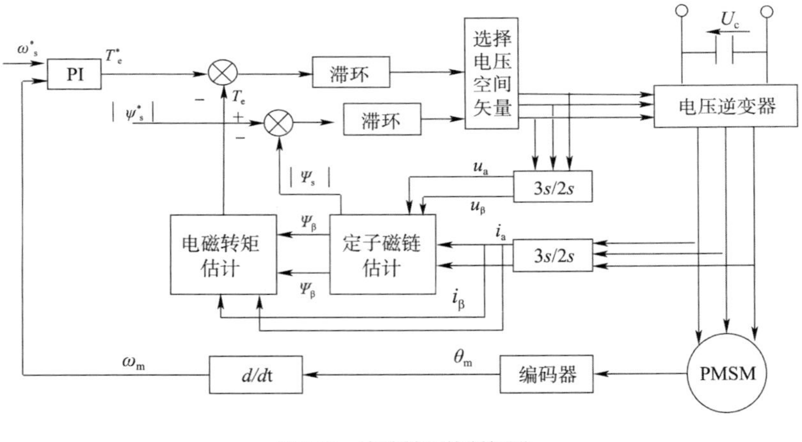

图 8-17 直接转矩控制框图

第四节 开关磁阻电机及其控制策略

开关磁阻电机(Switched Reluctance Motor,SRM)是一种结构简单的调速电机,其转子、定子均为双凸极结构,最显著的特征就是转子上既无绕组也不需要永磁体,唯一的励磁来源是定子绕组,具有结构坚固、调速范围宽、系统可靠性高等优点,尤其在稀土资源日益短缺的情况下,开关磁阻电机驱动在电动汽车领域获得了广泛的关注。

一、开关磁阻电机的结构

开关磁阻电机是双凸极可变磁阻电机,其定子、转子的凸极均由普通硅钢片叠压而成。开关磁阻电动机截面如图8-18所示。定子有4个极,每个凸极上绕有集中绕组,径向相对的两个绕组联接起来,称为"一相",可以串联或并联起来。转子磁极对数与定子不同,定子每相绕组的电感随转子位置而改变,当转子轴线与定子磁极中某相磁轴线对齐时,该相电感达到最大;两个轴线正交时,电感达到最小,其他位置做周期性变化。

开关磁阻电机可以被设计成多种不同相数结构,且定子、转子的极数有多种不同的搭配。相数多、步距角小,有利于减少转矩脉动,但结构复杂,且主开关器件多,成本高,现今应用较多的是四相(8/6)结构和六相(12/8)结构。

二、开关磁阻电机的工作原理

开关磁阻电机的运行原理遵循"磁阻最小原理",即磁通总要沿着磁阻最小的路径闭合。如图8-18所示,当定子绕组(A相)通电时,定子凸极在$A—A'$轴线上建立磁场,转子铁芯受到磁场的作用,必使自己位置调整到磁阻最小的位置,即将转子$1—1'$轴线与$A—A'$磁场轴线相重合,此时A相绕组的励磁电感最大,从而也发生了转子转动。若以图中定子、转子所处的相对位置作为起始位置,则依次给$A→B→C→D$相绕组通电,转子即会逆着励磁顺序以逆时针方向连续旋转;反之,若依次给$A→D→C→B$相通电,则电机即会沿顺时针方向转动。可见,SR电机的转向与相绕组的电流方向无关,而仅取决于相绕组通电的顺序。

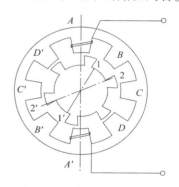

图8-18 开关磁阻电机的结构

三、开关磁阻电机的控制策略

1. 开关磁阻电机控制系统结构

以三相6/4极结构电机本体为例,开关磁阻电机控制系统如图8-19所示。

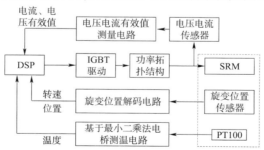

图8-19 开关磁阻电机控制系统结构

主电路部分包括蓄电池、功率变换器、SRM电机本体以及负载。功率变换器一般由IGBT开关器件组成,控制信号也是通过控制开关器件的通断来改变电动机本体内部的磁阻,从而驱动电机运行,实现最终控制目标。

控制电路部分包括电压电流信号反馈、位置传感器、控制器以及IGBT的驱动信号。其中,控制器是整个控制系统的核心,用于处理检测电路和位置传感器反馈的信号,根据设定的控制策略形成驱动信号,实现对开关磁阻电机的精确控制。

2. 开关磁阻电机控制方式

根据开关磁阻电机的工作原理可知,电机可控参数主要有开通角、关断角、相电压和电流上限等,因此,目前应用最多的控制策略主要有三种:角度控制、电流斩波控制、PWM 控制。

角度控制是指通过调整开关磁阻电机的开通角和关断角来控制电机的相电流,所谓开通角就是某相定子绕组在导通时,转子此时的位置角 θ;反之,关断角就是该相定子绕组关断时,转子的位置角。由于双凸极结构的影响,转子位置的变化引起电机内部磁场的分布,进而影响通电绕组的电感变化。开通角主要影响相电流的幅值,角度越小则通电时间越长;关断角影响电机的输出转矩,取值过小会减小电机的输出转矩,取值过大又会增加续流电流从而产生制动转矩。因此,此种控制策略不适用低速大转矩工作状态,易造成电流峰值过载,需要配合其他控制方式。

电流斩波控制即保持电机开通角和关断角不变,通过调节主开关导通和断开的频率将相电流的幅值限定在给定的电流上下限之间,进而通过改变电流的有效值改变电机的转矩。这种控制策略使电机的电流波形平稳,转矩也较平稳。

PWM 控制方式又称电压斩波控制。通过调节 PWM 控制的占空比对直流电源进行斩波,从而调节相绕组的电压。

为获得良好的调速性能,往往将上述控制策略进行组合控制,获得良好的转矩特性,如图 8-20 所示。在电机低速阶段,加入电流斩波控制,对电机相电流的峰值进行控制有助于转矩的恒定;在中高速阶段,采用角度控制方式,有助于电机在恒功率阶段获得较宽的调速范围;在整个调速阶段都可以采用 PWM 控制方式进行输出转矩的精确控制。

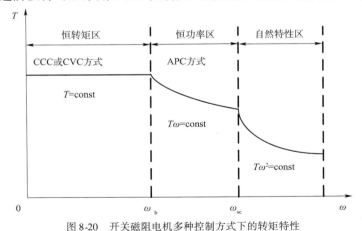

图 8-20 开关磁阻电机多种控制方式下的转矩特性

第五节 轮毂电机及其控制策略

轮毂电机也称为车轮内装式电机,它将驱动电机装在车轮轮毂位置,与传动、制动装置整合为一体,大大简化了电动汽车的机械部分,提高汽车的稳定性,被称为电动汽车的最终驱动形式。

一、轮毂电机的结构

根据电机安装位置,可以将轮毂电机分为内转子电机和外转子电机两种结构。

1. 内转子电机

内转子电机一般采用高速电机,转速可达 10000r/min。电机和车轮之间配备固定传动比减速器,一般采用行星齿轮减速机构,电机输出的转矩通过行星齿轮减速机构进行减速增矩,从而驱动轮毂转动,又称为"减速驱动方式"。

这种驱动形式的优点是:电机高速运转,比功率和效率高;电机体积小,质量轻,减速结构增加了输出转矩,能保证汽车在低速运行时获得较大的平稳转矩,爬坡性能好。但同时这种结构也存在缺点:难以实现润滑,会使行星齿轮减速结构的齿轮磨损较快,使用寿命变短,不易散热,噪声较大。

2. 外转子电机

外转子电机一般为低速电机,将外转子与车轮的轮辋固定或集成在一起,无减速结构,车轮的转速与电机转速一致,又称为"直接驱动方式"。这种驱动形式的优点是:驱动轮的结构紧凑,传递效率高,动态响应快。同样,这种结构的缺点是:体积大,成本高;在起步、顶风或爬坡等情况下产生大电流,很容易损坏电池和永磁体;电机效率峰值区域小,负载电流超过一定值后效率下降很快。

二、轮毂电机的工作原理

轮毂电机是电动汽车的驱动方式,其中驱动电机可以采用异步电机、永磁无刷电机和开关磁阻电机等。这些电机的工作原理已在前几节进行了介绍,这里将各种电机的应用特点简述如下。

1. 异步电机

异步电机在四类电机中发展历史最为长久,其设计、制造以及控制技术都相对成熟,且具有结构简单、高可靠性等优点。但此类电机在轮毂电机中应用时存在局限性,例如异步电机的效率不高(特别是在低速时),功率密度较低;作为一个强耦合、多变量、非线性的控制对象,异步电机常采用矢量控制或直接转矩等控制手段,但这些控制方法相对成本较高。

2. 永磁无刷电机

与其他电机相比,永磁无刷电机具有很多优点,如功率密度高、效率高、体积小、输出转矩大、可控性好、可靠性高、噪声低等,在电动汽车领域颇受青睐。但受永磁材料的限制,永磁无刷电机的输出功率有限,目前最大电机功率也只有几十千瓦,其次,永磁无刷电机的转子励磁无法调节,导致电机调速困难,调速范围有限。

3. 开关磁阻电机

开关磁阻电机是一种新型调速电机,具有调速范围宽、相应速度快等优点,但在轮毂电机的应用中存在转矩波动大、噪声大等问题,同时由于电机非线性因素较多,建模困难,控制成本较高。

4. 横向磁场电机

横向磁场电机最早是由德国著名电机专家 H. Weh 于 20 世纪 80 年代末提出,并将之使用到电力舰船、电动汽车上。与其他电机相比,横向磁场电机的优点十分突出:实现了电路和磁路解耦,设计自由度大大提高;高转矩密度,大约是标准工业用异步电机的 5～10 倍,且特别适合应用于要求低速、大转矩等场合;绕组形式简单,不存在传统电机的端部,绕组利用率高;各相间相互独立;控制电路与永磁无刷电机相同,可控性好等。目前,国外已成功开发了很多电动汽车用横向磁场电机,国内也正在积极开展相关研究。但其也存在不少缺点:永磁体数目多,用量大;结构较为复杂,工艺要求高,电机成本高;漏磁严重;功率因素低;自定位转矩较大等。

三、轮毂电机的控制策略

轮毂电机是一种全新的驱动形式,具有明显的优势。但结构的改变也给常规的电机控制器带来了很多挑战,为应对这些挑战应用了很多控制技术。

1. 无位置传感器控制

很多电机控制技术是以转子磁场定向为基本控制框架,因此,转子的位置信号需要传感器进行检测,但轮毂电动机的结构紧凑,传感器的增加首先占用了内部空间,其次,较多的信号线也容易引入其他干扰,同时,传感器本身的可靠性和灵敏性也受到环境的影响,因此,无位置传感器技术是轮毂电机技术发展的必然趋势,以无刷直流电机为例,无位置传感器的控制方法有反电动势法、电感法、状态观测器法等。

1) 反电动势法

将检测到的断开相反电动势过零信号延时 30°得到功率开关管的开关信号,由于电机静止或转速较低时,反电动势信号没有或较弱,因此反电动势法一般与"三段式"起动技术配套使用,是最成熟有效的方法。

2) 电感法

该方法通过检测绕组电感随转子位置的改变而发生的变化,再通过一定的计算,可得到转子位置信号。

3) 状态观测器法

将电机的三相电压、电流作坐标变换,在派克方程的基础上估算出电机转子位置。由于坐标变换只考虑基波分量,该方法主要用于正弦波反电动势的永磁无刷直流电机。

2. 转矩脉动的抑制控制

由于轮毂电机直接安装在轮辋内,整车的非簧载质量明显增加,驱动电机本身存在的转矩脉动在一定程度上影响轮毂电动机的输出特性,是轮毂电动机控制中需要解决的关键问题之一。产生转矩脉动的因素有很多,主要因素和抑制方法简述如下。

1) 电磁因素的抑制

转矩脉动由于定子电流和转子磁场相互作用产生,属于电磁作用结果,可以通过电机优化设计、最佳开通角、谐波消去和转矩闭环控制等方法进行抑制。

2) 电流换向因素抑制

电枢电流从某一相切换到另一相时,绕组电感电流不能突变,产生一定延时,进而产生转矩脉动,可以通过电流反馈、重叠换向和 PWM 斩波等方法进行抑制。

3) 齿槽效应因素抑制

电机中有些定子、转子为凸极结构,磁场在齿槽气隙间产生磁阻转矩,进而在旋转过程中形成转矩脉动,这种情况可以采用磁性槽楔法、闭口槽法、辅助槽法、分数槽法、斜槽法、斜极法。

随着电池技术、电机本体、电力电子等技术的发展和突破,轮毂电机必将在电动汽车领域得到更广泛的应用。

第六节 其他电机控制策略

电机是纯电动汽车系统的核心部件之一,高效率、高功率密度、高转矩特性的电机驱动系统,一直以来都是电动汽车领域关注的热点。随着驱动技术的快速发展,一些新结构、新概念的电机也不断涌现,不断改善和优化电动汽车的驱动性能,推动汽车产业的不断进步。

一、混合励磁电机

电机主磁场产生的方式有两种:永磁铁和电励磁。永磁电机气隙磁场很难调节,导致电机在调速过程中的恒功率区较窄,调速范围有限。混合励磁电机是指在保持电机较高效率的前提下,改变电机的拓扑结构,在原永磁电机的基础上增设电励磁绕组,二者相互作用产生主磁场,这种方式不仅继承了永磁电机的诸多特点,而且还具有电励磁气隙磁场平滑可调的优点,从而改善了电机调速、驱动性能。这种电机的主要特点如下:

(1)电励磁和永磁体可位于转子,也可位于定子,命名以永磁体放置的位置为原型电机,如转子永磁型混合励磁电机就是以永磁同步电机为电机原型。

(2)电励磁可以与永磁体构成物理意义上的串联、并联或者串并联结构,从而达到灵活调节磁通的目的。

(3)通过改变直流励磁绕组的电流幅值和方向,气隙磁通密度非常容易控制,从而可以实现气隙磁通密度的增强或者减小的效果。

(4)通过直流励磁绕组电流增磁,电机可以提供非常大的转矩。

(5)通过直流励磁绕组电流弱磁,电机可以提供宽速度范围的恒功率运行区,利于电动汽车的高速巡航。

(6)通过在线调节气隙磁通密度,电机可以维持发电模式或再生模式下的大范围速度恒电压输出,利于电池充电。

(7)通过在线调节气隙磁通密度,可以实现电机效率最优控制。

二、双定子永磁电机

双定子电机是在现有电机体积不变的基础上增加定子的个数,使气隙数量由一层变为两层或者多层的一种新型电机结构。由于转矩的叠加,作用于转子上的电磁转矩也会相应增加,从而提高电机整体的转矩密度和功率密度。由于这种电机的机械集成度较高,具有响应快、动态特性好,结构材料利用率高和驱动灵活等特点。

双定子电机与传统电机相结合构成新型的结构形式,如双定子结构与感应电动机结合、双定子结构与径向磁通的永磁电机相结合等。

三、磁性齿轮永磁无刷复合电机

齿轮是各类型汽车不可或缺的变速传动装置。磁性齿轮是利用两个在空间上分离的齿轮,依靠磁场耦合作用传递动力的一种新型传动机构。磁性齿轮传动与机械传动的原理相同,利用两个齿数不同的齿轮来实现力矩的传递,但不同的是磁性齿轮的两个齿轮间是无接触的,由交替充磁的磁极代替,不存在机械间的啮合。因此采用磁齿轮作为传动装置存在很多的优点:无机械噪声和摩擦,无需润滑,减少维护,寿命长,可靠性高;转速比恒定,转速稳定度高;过载时随时切断传动关系,具有自我过载保护能力。

传统的磁齿轮是在两个平行轴转子表面放置极数不等的永磁体,通过两转子上的永磁体磁场相互吸引来传递力矩,由于两个转子的外径不相等,磁极对数不一样,实现了速度和转矩的变比功能,传统的磁齿轮分为内啮合式、外啮合式等,如图 8-21 所示。这种结构与机械齿轮结构相同,因此转矩密度都偏低,永磁体的利用率偏低,无法满足工业需求。

为了提高磁齿轮的性能,出现了很多新型结构:少齿差式磁齿轮、磁场调制式磁性齿轮、谐波磁齿轮、行星磁齿轮等。其中磁场调制式磁性齿轮以共轴式拓扑结构,有效提高了永磁体的利用率及传动机构的转矩密度,因此,国内外专家相继提出了多种不同结构的磁齿轮复合电机,提高传动效率。

a) 内啮合式

b) 外啮合式

图 8-21 磁齿轮传动形式

磁性齿轮永磁无刷复合电机是一种集成无刷直流驱动电机和共轴磁性齿轮的复合电机。这种电机巧妙地利用了共轴磁性齿轮内转子的中空部分,将电机定子嵌入其中,将轮胎直接铆合在齿轮外转子上,实现了电机、磁性齿轮、轮胎的一体化,有效地提高了空间利用率。这种电机体积小,输出转矩密度大,且无需减速装置,增加了燃料利用率,在电动汽车领域受到了广泛关注。

四、记忆电机

记忆电机不是一种新型电机结构,而是一种新的电机概念。

在传统永磁电机中,永磁材料的磁性一般较稳定,产生的气隙磁场很难调节,当需要弱磁时,通常施加持续的弱磁电流来削弱气隙磁场,这样一方面导致较大的励磁损耗,另一方面可能造成永磁体发生不可逆退磁,这些极大地限制了永磁电机在高速电机领域的发展。混合励磁技术虽然是比较可行的方案,但同时也存在永磁体漏磁、电励磁损耗增大等问题。

记忆电机利用铝镍钴永磁体独特的磁滞特性以及较低的矫顽力,通过施加脉冲电流瞬间改变其磁化状态,并将其磁化水平进行记忆,从而实现简单高效的在线调磁。它与一般永磁电机的区别在于,永磁材料本身的磁化程度能够在很短的时间内通过施加充磁或者去磁电动势而得到改变,并且充磁和去磁后,其磁化程度也能被保留住记忆,是一种真正意义上的可变磁通永磁电机。

记忆电机调节磁通的核心机理是"记忆"特性,为说明该特性,做出永磁体磁滞回线,如图 8-22 所示。图中,B 表示其最大剩磁,H_c 表示矫顽力,P_0 为退磁曲线和负载线的交点,即永磁工作点。当施加一个负向的去磁脉冲时,永磁工作点将从 P_0 移动到 Q_0;而当电流脉冲消失后,工作点沿着回复线上升,并最后稳定在新工作点 P_1。相比于工作点 P_0,P_1 磁化状态更低,并且被保持记忆。此时,当施加一定的正向充磁脉冲时,永磁工作点将沿着负载线,回到原工作点 P_0。同理,也可以分析工作点 P_2 的变化轨迹。因此,通过施加不同的充、去磁脉冲电流,永磁体的磁化水平可以被改变并被记忆住,从而实现记忆电机气隙磁通的灵活调节。

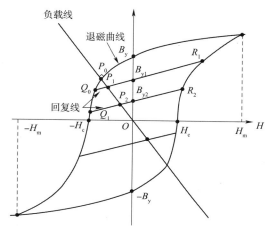

图 8-22　永磁体磁滞回线

记忆电机的出现,正是为了在拓展永磁电机调速范围的同时,又可以避免产生额外的励磁损耗,实质上是一种新的简单高效的弱磁控制技术。

五、非晶电机

非晶电机是一种利用非晶合金取代传统硅钢片作为铁芯材料的高效、节能、无污染的新型电机。目前,传统电机的铁芯材料均为热轧或冷轧的硅钢片,随着电机频率的增高,硅钢片的铁芯损耗也不断增大,导致电机的效率降低。非晶合金材料的磁导率在工频下约为硅钢片的 6 倍,因此非晶铁芯电机的励磁电流相对较小,进而电机的铜耗也相应减小。总之,非晶铁芯的电机在高频下的损耗极低,具有很高的效率,更易实现电机的高转速、高功率密度;与相同标准的普通电机相比,体积和质量大大减小,极大地提高了能源和资源的利用率。

对于同样的新能源汽车,使用非晶电机可以增加其行驶里程 30% 以上,而在相同行驶里程的情况下,电池可以节省 30% 的费用。总之,非晶电机有望取代传统电机而被称为新一代高效电机。

第九章　纯电动汽车充电系统

纯电动汽车的运行需要电能支持，通常说的充电也就是为车载储能装置提供电能的过程。《电动汽车术语》(GB/T 19596—2017)给出的电动汽车充电定义是以受控的方式将电能从车外电源传输到电动汽车的蓄电池或其他车载装置中的过程。电动汽车的充电过程需要多种技术与装置，包括电动汽车内部装置和外部设施。本章将介绍纯电动汽车充电系统的构成，主要包括充电桩、DC/DC 变换器和车载充电机。

第一节　充电设施现状及发展趋势

充电设施(Electric Vehicle Supply Equipment, EVSE)是一种将电能从电网可靠稳定地传输到车载电源的设施。除充电外，电动汽车还可以通过直接更换车载电源达到补充能源的目的。目前国内外电动汽车充电设施主要建设模式有三种，即充电桩模式、充电站模式和电池更换站模式。其中充电桩和充电站模式应用更为广泛。充(换)电站是指由 3 台及以上电动汽车非车载充电机或交流充电桩组成(至少有 1 台非车载充电机)的，能够为电动汽车进行充电服务或电池更换，并能够在充电过程中对充电机、动力蓄电池进行状态监控的场所。

我国充电设施的建设是随着新能源汽车市场的扩大而兴起的。2014 年作为一个分界线，2014 年以前，充电设施发展较为缓慢，由于技术及标准等原因，一直处于一个探索阶段。2014 年及以后，新能源汽车迎来发展，伴随着种种利好政策，充电设施的建设逐渐兴起。

2008—2010 年，伴随着新能源汽车迎来初步发展，充电设施市场初步发展，新能源汽车在一些大中城市开始运行。2008 年的奥运示范项目实现了 595 辆电动汽车规模化运行。

2009 年，"十城千辆"示范工程中，约 5000 辆新能源汽车在 13 个城市投入示范运行；到 2010 年，城市增至 25 个，车辆增至 8000 辆，且重点转向纯电动汽车。

2012 年，利好充电桩市场的相关政策陆续出台，其中《电动汽车科技发展"十二五"专项规划》要求，到 2015 年建成 2000 个充换电站、40 万个充电桩。

2014 年，财政部、科技部等四部委印发《关于新能源汽车充电设施建设奖励的通知》，鼓励采用公私合营等新型投资方式，建设运营充电设施。采取激励措施，对新能源汽车达到一定数量的地区给予充电设施奖励。2015 年，《电动汽车充电基础设施发展指南(2015—2020 年)》出台，计划到 2020 年新增集中式充换电站超 1.2 万座，分散式充电桩超 480 万个，以满足全国 500 万辆电动汽车充电需求。

2016—2020 年，中央财政继续安排资金对充电基础设施建设、运营给予奖补。《2016 年能源工作指导意见》提出计划在 2016 年建设充电桩 2000 多座，分散式公共充电桩 10 万个，私人专用充电桩86万个。

2017年后,各地持续鼓励新能源汽车发展,规划各类充电设施建设目标,并给予相关补贴。到2019年,各类充电设施已达120万个。

2020年,全国预计新增公共充电桩15万台,其中公共直流桩6万台,公共交流桩9万台;新增私人桩约为30万台;预计新增公共充电场站8千座。

截至2020年6月底,全国各类充电桩保有量达132.2万个,其中公共充电桩为55.8万个,数量位居全球首位。虽然充电设施数量持续增加,但目前与新能源汽车的保有量仍有较大差距,缺口巨大,存在增长空间。

未来,中国充电设施市场前景广阔,发展潜力巨大。随着充电设施的建设,我国新能源汽车与充电桩保有量的配比逐渐趋于合理。此外,新能源汽车充电桩被列入"新基建"的产业方向中,将迎来更全面的发展。

第二节　充电桩结构及原理

充电桩是为电动汽车充电的充电设施,可以固定在地面或墙壁,安装于公共建筑和居民小区停车场或充电站内,可以根据不同的电压等级为各种型号的电动汽车充电。充电桩的输入端与交流电网直接连接,输出端装有充电插头,用于电动汽车充电。

一、充电桩分类

充电桩按电源性质可以划分为直流充电桩、交流充电桩、交直流充电桩等,涉及的主体、零部件包括充电模块、电机、芯片、接触器、断路器、外壳、插头插座、线缆材料等。

交流或直流充电电池根据不同的安装方式、安装位置、充电接口、充电方式等可分为几种类型的充电桩。以安装方式的不同可分为落地式充电桩和挂壁式充电桩,以安装地点的不同可分为公共充电桩和专用/自用充电桩,以充电接口的数量可分为一桩一充和一桩多充。不同的充电桩对比介绍见表9-1。落地式和挂壁式充电桩(以一桩一充为例)外形结构分别如图9-1a)、b)。一桩多充充电桩如图9-1c)。

充电桩分类对比介绍　　表9-1

分类依据	类　　型	安　装　位　置
按安装方式	落地式充电桩	落地式充电桩适合安装在不靠近墙体的停车位
	挂壁式充电桩	挂壁式充电桩适合安装在靠近墙体的停车位
按安装地点	公共充电桩	公共充电桩安装在公共停车场(库),结合停车泊位,为社会车辆提供公共充电服务的充电桩
	专用充电桩	专用充电桩安装在单位(企业)自有停车场(库),为单位(企业)内部人员使用的充电桩
	私人充电桩	私人充电桩安装在个人自有车位(库),为私人用户提供充电的充电桩
按充电接口	一桩一充	一个充电桩仅为一辆电动汽车充电
	一桩多充	一个充电桩多个接口,可同时为一辆以上电动汽车充电

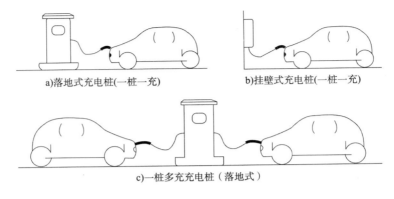

a) 落地式充电桩(一桩一充)   b) 挂壁式充电桩(一桩一充)

c) 一桩多充充电桩（落地式）

图 9-1　充电桩外形结构

交流充电桩和直流充电桩按安装方式分为多个种类，各种类之间的优劣势对比见表 9-2。

充 电 桩 对 比　　　　　　　　　表 9-2

比较	类　　型				
	交流充电桩			直流充电桩	
	简易式	挂壁式	落地式	挂壁式	落地式
优势	价格低、操作简单、便于携带、对电池损伤小	价格低、节省空间、对电池损伤小	价格低、安全、对电池损伤小	充电较快、节省空间、经济适用、直流输出	充电快、安全、防护等级高、功率较大、直流输出
劣势	充电慢、功能少、无法进行人机交互、后台通信缺失	充电慢、功能少	充电慢、占用土地、安装不灵活、受场地限制	价格高、无法随时随地充电、功率相对较小	价格高、对电池损伤大、无法随时随地充电、占用土地、受场地限制

交流充电桩与直流充电桩的区别在于直流充电桩可以直接为电动汽车电池充电，而交流充电桩通过为车载充电机提供电力从而间接对电池进行充电。由于车载充电机功率较小，限制了充电速度，充电速度较直流充电桩慢，故交流充电桩被称为"慢充"，直流充电桩被称为"快充"。

二、交流充电桩

电动汽车交流充电桩是为电动汽车车载充电机提供交流电源的供电装置。通常安装在指定充电场地或固定安装在地下车库的墙壁上，位于电动汽车外，通过连接交流电网提供交流电源为具有车载充电机的电动汽车充电。

1. 交流充电桩基本构成

充电桩由桩体、电气模块、计量模块等部分组成。电气模块和计量模块应安装在桩体内部。桩体包括外壳和人机交互界面；电气模块包括充电插座、电缆转接端子排、安全防护装置等。基本构成如图 9-2 所示，图中 QF 是具备漏电保护功能的空气断路器；WH 是交流电能表；KM 是控制交流充电桩输出的接触器或同类装置。

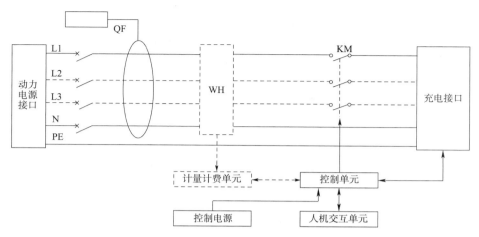

图 9-2 交流充电桩基本构成框图

主流交流充电桩主要技术指标见表 9-3。

交流充电桩主要技术参数 表 9-3

充电桩类型	输入电压频率(V/Hz)	额定输出电压(V)	额定输出电流(A)	额定输出功率(kW)
单充交流充电桩	220	220	32	7
双重交流充电桩	380/50	380	63	40(×2)

2．交流充电桩功能需求

一个基本的交流充电桩应具有以下几个功能。

1）人机交互功能

充电桩应能显示或借助外部设备显示各状态下的相关信息，显示字符应清晰、完整，没有缺损现象，不应依靠环境光源即可辨认。且可手动设置充电参数。

2）计量功能

充电桩应具备计量输出电能量的功能。

3）付费交易功能

充电桩应具备付费交易功能（使用 IC 卡，二维码支付等），实现充电控制及充电计费。

4）通信功能

充电桩应具备与外部通信的接口。

5）安全防护功能

充电机应具有安全防护功能，内容包括急停开关、主回路应具备带负载分合电路功能、过负荷保护、短路保护、漏电保护、D 级防雷装置、电子锁止装置，锁止装置在充电过程中应保持锁止状态、接触器故障检测等功能。

三、直流充电桩

直流充电桩通常固定安装在指定充电场地，位于电动汽车外，是一种为非车载电动汽车动力蓄电池提供直流电源的供电装置。

1．直流充电桩基本构成

在国家能源局发布的直流充电桩相关的行业标准《电动汽车非车载传导式充电机技术

条件》(NB/T 33001—2018)中提出,直流充电桩基本构成包括:动力电源输入、功率变换单元、输出开关单元、充电电缆、车辆插头以及控制电源、充电控制单元、人机交互单元等功能单元。充电桩构成原理如图9-3所示。

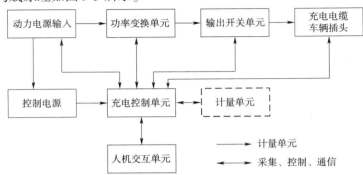

图9-3 直流充电桩构成原理框图

单充和双充直流充电桩在市场上都比较常见,主要技术指标见表9-4。

表9-4 直流充电桩主要技术参数

充电桩类型	输入电压(V)	交流频率(Hz)	输出电压(V)	输出电流(A)	最大输出功率(kW)
单充直流充电桩	380±15%	50±1	—	—	15~150
双充直流充电桩	380±15%	50±1	200~500/350~750	0~250/0~160	40(×2)

2. 直流充电桩功能需求

1) 充电控制功能

充电机应具备自动充电控制功能,可具备手动充电控制功能,充电机采用手动充电控制时,应具有明显的操作提示信息,仅限于专业人员在特殊情况下对充电机设备进行调试或维护时使用。

2) 通信功能

充电机应具有与电动汽车电池管理系统(BMS)或车辆控制器通信的功能,判断充电机是否与电动汽车动力蓄电池系统正确连接;获得电动汽车BMS或车辆控制器充电参数和充电实时数据。

3) 绝缘检测功能

充电机应具备对直流输出回路进行绝缘检测的功能,并且充电机的绝缘检测功能应与车辆绝缘检测功能相配合。

4) 直流输出回路短路检测功能

充电机应具备对直流输出回路进行短路检测的功能,充电机的短路检测在绝缘检测阶段进行,当直流输出回路出现短路故障时,应停止充电过程,并发出告警信息。

5) 车辆插头锁止功能

车辆插头端应具备锁止装置,当出现因故障不能充电和充电完成时锁止装置应解锁。

6) 预充电功能

充电机应具备预充电功能。启动充电阶段,电动汽车闭合车辆侧直流接触器后,充电电压并判断此电压是否正常。当充电机检测到电池电压正常,将输出电压调整到当前电池端

第九章 纯电动汽车充电系统

电压减去1~10V,再闭合充电机侧的直流输出接触器。

7)人机交互功能

人机交互功能包括显示功能、输入功能、计量功能、急停功能和保护功能。

第三节　充电桩参考标准及接口

早在2006年,我国就发布了《电动汽车传导充电用插头、插座、车辆耦合器和车辆插孔通用要求》(GB/T 20234—2006)(已废止),标准详细规定了充电电流为16A、32A、250A交流和400A直流的连接分类方式,主要借鉴了国际电工委员会(IEC)2003年提出的标准,但是这个标准并未规定充电接口的连接针数、物理尺寸和接口定义。2011年,我国又发布了《电动汽车传导充电用装置　第1部分:通用要求》(GB/T 20234.1—2011)(已废止)、《电动汽车传导充电装置　第2部分:交流充电接口》(GB/T 20234.2—2011)(已废止)、《电动汽车传导充电装置　第3部分:直流充电接口》(GB/T 20234.3—2011)(已废止)替换了部分《电动汽车传导充电用插头、插座、车辆耦合器和车辆插孔通用要求》中的内容。2015年底,国家发改委、国家能源局、工信部三部委发布了《电动汽车充电基础设施接口新国标的实施方案》,在2016年正式实施充电接口新国标,包括《电动汽车传导充电装置　第1部分:通用要求》(GB/T 20234.1—2015)、《电动汽车传导充电装置　第2部分:交流充电接口》(GB/T 20234.2—2015)、《电动汽车传导充电装置　第3部分:直流充电接口》(GB/T 20234.3—2015)、《电动汽车非车载传导式充电机与电池管理系统之间的通信协议》(GB/T 27930—2015),以及《电动汽车传导充电系统　第1部分:一般要求》(GB/T 18487.1—2015)等。目前,我国关于充电桩的参考现行标准目录见表9-5。

充电设施参考标准目录　　　　　　　　　　　　表9-5

标　准　号	标　准　名　称
GB/T 18487.1—2015	电动汽车传导充电系统　第1部分:通用要求
GB/T 20234.1—2015	电动汽车传导充电用连接装置　第1部分:通用要求
GB/T 20234.2—2015	电动汽车传导充电用连接装置　第2部分:交流充电接口
GB/T 20234.3—2015	电动汽车传导充电用连接装置　第3部分:直流充电接口
GB/T 27930—2015	电动汽车非车载传导式充电机与电池管理系统之间的通信协议
GB/T 29317—2012	电动汽车充换电设施术语
GB/T 29318—2012	电动汽车非车载充电机电能计量
GB/T 28569—2012	电动汽车交流充电桩电能计量
NB/T 33003—2010	电动汽车非车载充电机监控单元与电池管理系统通信协议

一、充电模式

电动汽车的充电分为交流充电与直流充电,输入的电来源于交流电源或是直流电源,其中交流充电需要经过OBC来整成直流电,再连接到电池。而直流充电是直接连接到电池。充电模式是电动汽车连接到电网给电动汽车供电的方法,《电动汽车传导充电系统　第1部分:通用要求》(GB/T 18487.1—2015)提供了四种充电模式。

1. 模式 1

将电动汽车连接到交流网(电源)时,使用插座直连的方式供电。

2. 模式 2

将电动汽车连接到交流网(电源)时,使用插座直连的方式供电,并且在充电连接时使用缆上控制与保护装置。

3. 模式 3

将电动汽车连接到交流网(电源)时,使用专用供电设备,将电动汽车与交流电网直接相连,并且在专用供电设备上安装控制导引装置。

4. 模式 4

将电动汽车连接到交流电网或直流电网时,使用带控制导引功能的直流供电设备。

二、充电连接方式

我国标准规定电动汽车充电时,在交流电压下,交流额定电压最大值为 660V,频率为 50Hz,交流标称电流可为 16A、32A、60A、100A、150A 或 250A。

使用电缆和连接器将电动汽车接入交流电网时,可以采用以下三种方式。

1. 连接方式 A

将电动汽车和交流电网连接时,使用和电动汽车永久连接在一起的充电电缆和供电插头,如图 9-4 所示。

图 9-4　连接方式 A

2. 连接方式 B

将电动汽车和交流电网连接时,使用带有车辆插头和供电插头的独立活动电缆组件,如图 9-5 所示。

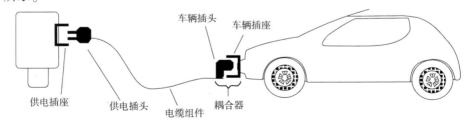

图 9-5　连接方式 B

3. 连接方式 C

将电动汽车和交流电网连接时,使用供电设备永久连接在一起的充电电缆和供电插头,如图 9-6 所示。

第九章 纯电动汽车充电系统

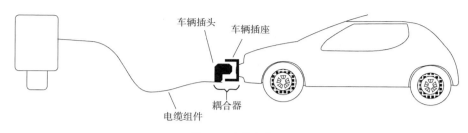

图 9-6 连接方式 C

三、充电接口

充电接口包括供电接口和车辆接口。其中供电接口是能将电缆连接到电源或电动汽车供电设备的器件,由供电插头和供电插座组成;车辆接口是能将电缆连接到电动汽车的器件,由车辆插头和车辆插座组成。

我国在 2006 年就发布了《电动汽车传导充电用插头、插座、车辆耦合器和车辆插孔通用要求》(GB/T 20234—2006)(已废止),这个国家标准详细规定了充电电流为 16A、32A、250A 交流和 400A 直流的连接分类方式,主要借鉴了国际电工委员会(IEC)2003 年提出的标准,但是这个标准并未规定充电接口的连接针数、物理尺寸和接口定义。2011 年,我国发布了《电动汽车传导充电装置 第 1 部分:通用要求》(GB/T 20234.1—2011)(已废止)、《电动汽车传导充电装置 第 2 部分:交流充电接口》(GB/T 20234.2—2011)(已废止)、《电动汽车传导充电装置 第 3 部分:直流充电接口》(GB/T 20234.3—2011(已废止)替换了部分《电动汽车传导充电用插头、插座、车辆耦合器和车辆插孔通用要求》中的内容,其中规定:交流额定电压不超过 690V,频率 50Hz,额定电流不超过 250A;直流额定电压不超过 1000V,额定电流不超过 400A。2015 年,中国发布了《电动汽车传导充电装置 第 1 部分:通用要求》(GB/T 20234.1—2015)、《电动汽车传导充电装置 第 2 部分:交流充电接口》(GB/T 20234.2—2015)、《电动汽车传导充电装置 第 3 部分:直流充电接口》(GB/T 20234.3—2015)。新修订的标准在安全性方面增加了充电接口温度监控、电子锁、绝缘监测和泄放电路等功能,细化了直流充电车端接口安全防护措施,明确禁止不安全的充电模式应用,能够有效避免发生人员触电、设备燃烧等事故。

1. 交流充电接口

按《电动汽车传导充电用插头、插座、车辆耦合器和车辆插孔通用要求》(GB/T 20234.2—2015)规定,车辆接口和供电模式 3 的供电接口包含 7 对触头,触头分别是 CP、CC、N、L1、L1、L2 和 PE,各触头定义见表 9-6。其接口触头布置形式如图 9-7 所示。

交流充电接口各触头功能定义　　　　表 9-6

触头	功能定义	触头	功能定义
CP	控制确认线	L2	备用端口(交流电源)
CC	充电连接确认	L3	备用端口(交流电源)
N	中线(交流电源)	PE	保护接地
L1	交流电源	—	—

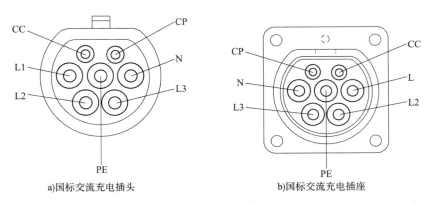

a) 国标交流充电插头　　　　　b) 国标交流充电插座

图 9-7　交流充电接口

在充电连接过程中,首先接通保护接地触头,然后接通控制导引触头与充电连接确认触头。在脱开过程中,首先断开控制导引触头与充电连接确认触头,最后断开保护接地触头。

2. 直流充电接口

直流充电选用充电模式 4 及连接方式 C 进行供电,车辆插头和车辆插座按《电动汽车传导充电用连接装置　第 3 部分:直流充电接口》(GB/T 20234.3—2015)规定包含 7 对触头,分别为 DC+、DC-、PE、S+、S-、CC1、CC2、A+、A- 和 PE,各触头定义见表 9-7。其接口触头布置形式如图 9-8 所示。

直流充电接口各触头功能定义　　　　　　　　　　　　　表 9-7

触　头	功能定义	触　头	功能定义
DC-	直流电源负	CC1	充电连接确认
DC+	直流电源正	CC2	充电连接确认
PE	保护接地	S+	充电通信 CAN_H
A-	低压辅助电源负	S-	充电通信 CAN_L
A+	低压辅助电源正	—	—

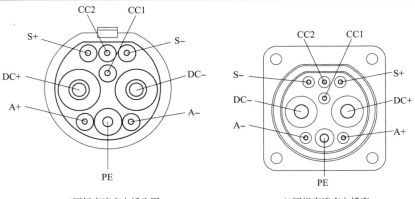

a) 国标直流充电插头图　　　　　b) 国标直流充电插座

图 9-8　交直流充电接口

车辆插头和车辆插座在连接过程中触头耦合的顺序为:保护接地,充电连接确认(CC2),直流电源正与直流电源负,低压辅助电源正与低压辅助电源负,充电通信,充电连接确认(CC1);在脱开过程中则顺序相反。

第四节 DC/DC 变换器结构及原理

直流/直流变换器(DC/DC 变换器)是可以将一个直流电压转换成另一个直流电压的转换器。分为三类:升压型 DC/DC 变换器、降压型 DC/DC 变换器以及升降压型 DC/DC 变换器。一般由控制芯片,电感线圈,二极管,三极管,电容器构成。图 9-9 是一个简易的 DC/DC 变换器的外观。

一、工作原理

DC/DC 变换器是一种直流转换装置,它首先将(升压或降低)直流电转换为交流电,然后将整流并转换为另一种直流电压。常用的 DC/DC 变换设备通常由 DC/DC 变换模块、监控模块和相应的用户接口板和直流配电单元组成。

图 9-9 DC/DC 变换器

系统中,多个 DC/DC 变换器模块并联,分担负载运行,将直流电压 -48V 变换为直流电压 -24V(或 +12V、+5V),然后通过输出分流器输送到负载;监控模块负责对变换器模块和整个系统的工作状态及性能进行监控,并通过 RS232 通信口纳入上一级监控系统。

变换器模块负责将电压 -48V DC 转换为电压 -24V DC,由电源电路和控制电路两部分组成。电源电路将直流输入转换为直流输出;控制电路提供电源转换所需的所有控制信号,包括反馈回路、直流信号处理、模拟处理和开关电路等。

电源电路主要包括直流输入滤波电路、DC/DC 转换电路、直流输出滤波电路、辅助电源等。

直流输入滤波电路包括浪涌保护器、差模、共模滤波器等。在雷击或其他高压浪涌的情况下,压敏电阻和瞬态电压抑制器可以保护转换器免受冲击。差模滤波器和共模滤波器可以有效抑制模块内部产生的高频噪声,同时防止直流输入电源的干扰影响模块的正常工作。

DC/DC 变换电路主要包括变换电路和整流输出电路,是整个转换模块的重要组成部分。

辅助电源电路为控制电路提供直流工作电压和直流输入电压采样。

控制电路主要包括 DC/DC 变换控制电路、保护电路、输出电压误差放大电路、数字显示、报警、通信电路等。

二、主要技术要求

DC/DC 变换器主要技术要求如下。

(1)输入电压允许变动范围:40~57V。

(2)输出电压稳定精度:≤±1%。

(3)应有限流性能,限流整定值可在105%～110%输出电流额定值之间调整。

(4)同型号设备应能多台并联工作,并具有均分性能,其不平衡度应≤±5%输出额定电流值。

(5)输出杂音电压:衡重杂音≤2mV;宽带杂音≤20mV(3.4kHz～30MHz);峰值杂音≤200mV。

(6)反灌杂音:变换设备在额定工作时,直流电流中宽频杂音分量(方均根值)应小于直流电流的1%。

(7)效率:功率<200W时,效率≥75%;功率≥200W时,效率≥70%。

第五节 车载充电机结构及原理

车载充电器又称交流充电器,安装在电动汽车上,通过插座和电缆连接到交流电源插座,以三相或单相交流电为电动汽车提供充电电源。车载充电器的优势在于,无论何时何地,只要有充电器额定电压的交流电源插座,就可以为电动汽车充电。车载充电器的缺点是受电动汽车空间限制,功率小,输出充电电流小,电池充电时间较长。图9-10所示为车载充电器。

图9-10 车载充电机

一、功能需求

一个车载充电机应具有以下功能。

(1)具备高速CAN网络与BMS通信的功能,判断动力蓄电池连接状态是否正确;获得动力蓄电池系统参数及充电前和充电过程中整组和单体动力蓄电池的实时数据。

(2)可通过高速CAN网络与车辆监控系统通信,上传充电机的工作状态、工作参数和故障告警信息,接受起动充电或停止充电控制命令。

(3)完备的安全防护措施:

①交流输入过压保护功能;

②交流输入欠压告警功能;

③交流输入过流保护功能;

④直流输出过流保护功能;

⑤直流输出短路保护功能;

⑥输出软起动功能,防止电流冲击;

⑦在充电过程中,充电机能保证动力蓄电池的温度、充电电压和电流不超过允许值,并具有单体动力蓄电池电压限制功能,自动根据BMS的动力蓄电池信息动态调整充电电流;

⑧自动判断充电连接器、充电电缆是否正确连接,当充电机与充电桩和电池正确连接后,充电机才能允许起动充电过程;当充电机检测到与充电桩或动力蓄电池连接不正常时,立即停止充电;

⑨充电联锁功能,保证充电机与动力蓄电池连接分开以前车辆不能起动;
⑩高压互锁功能,当有危害人身安全的高电压时,模块锁定无输出;
⑪具有阻燃功能。

二、充电方式

电池采用不同的充电方法对电池寿命会有不同程度的影响,采用适当的充电方式对延长电池的使用寿命意义重大。常见的车载充电机充电方式有恒压充电、直流充电、阶段性充电、脉冲充电等。

1. 恒压充电

在整个充电过程中,充电电压保持不变,充电电流随着充电时间的增加而逐渐减小。当充电电流小于一定值时,充电将停止。整个充电过程耗电少,能有效防止电池过充,控制操作简单。但是,待充电电池的初始电压值往往较低,导致充电开始时充电电流较大。一方面,电流过大会导致电池出现极化现象,影响充电速度;另一方面,电池的温度会迅速升高,容易烧坏电池,造成事故。因此,在充电开始时,必须限制充电电流的值,以使充电电池保持在可接受的电流范围内。

2. 直流充电

在直流充电开始时,电池组以恒定电流充电。当即将充满电时,采用低恒流进行浮充,以将剩余电量充满,并补偿电池的自放电。当充电电压达到额定电压时,充电停止。恒流充电避免了恒压充电电流过大的问题,将电流限制在电池可接受的范围内。

3. 阶段性充电

阶段性充电根据实际应用情况可以分为两阶段或者三阶段充电。第一阶段为恒流充电,用大电流快速给电池充电,使电池的电压达到一定电压值。第二阶段为恒压充电,用比恒流稍小的电流继续对电池充电,降低电池的产气量;第三阶段为浮充充电,以涓流给电池充电,确保电池能够充满,当控制系统检测充电电流小于一定设定值时,结束充电。阶段性充电结合了恒压与恒流充电方式的优点,有利于减少电池的极化,避免了过充和大电流充电冲击。目前,充电大多采用阶段性充电。

恒压充电、恒流充电和阶段性充电的充电电压和电流是连续的,没有足够的待机时间让电池消除极化现象。极化会导致电池过热、析气等现象,并限制充电速度。在严重的情况下,电池寿命会受到影响。脉冲充电法和正负脉冲充电法采用不连续充电电流,可有效减少或消除极化的发生,加快充电速度,延缓电池寿命。

4. 脉冲充电

脉冲充电采用间歇脉冲充电,为电池提供充足的休止时间,促进电池内部活性物质充分反应,有效减少和消除极化的发生,可大电流充电,无需担心电池过热,可有效提高充电效率,缩短充电时间,延迟电池寿命。

正负脉冲充电法是脉冲充电法的改进。整个充电过程包括正脉冲充电、间歇休息和负脉冲放电。先进行正脉冲充电,短暂休息后,短暂进行负脉冲放电。电池的短时负脉冲放电可有效消除极化现象,加速电池内部的电化学反应,降低电池温度。虽然会损失一部分电能,但可以用更高的充电电流为电池充电,有效加快充电速度,加速并提高充电效率,延迟电池寿命。

三、充电原理

车载充电机的充电原理如下。

(1) 输入接口：输入接口为，有 7 针端口，三种连接方式，包括高压电源连接、高压零线；车辆底盘地板；低电压信号充电连接确认和控制确认。

(2) 控制单元：控制单元对输出电流和电压进行采样，处理后将实时值传送到 PID 控制回路，控制器比较实测值与期望值的差值，然后将调整请求传送到控制器 PWM 回路（PWM 脉宽调制技术），利用脉宽变化来控制高压回路中功率器件开启和关闭时间的长短，最终实现输出电流和电压尽可能接近该值主控系统的要求。

(3) 低压辅助单元：低压辅助单元是一个标准的低压电源，输出电压为 12V 或 24V。它的作用是在充电时为电动汽车中的电气设备供电，例如电池管理系统、热管理系统和汽车仪表。

(4) 电源单元：电源单元通常包括输入整流器、逆变电路和输出整流器三部分，将输入电源频率下的交流电流转换为动力蓄电池系统可接受电压的直流电流。

(5) 输出端口：输出端口由辅助低压电源正负极两个引脚、高压负载电路正负极两个引脚、机箱地、CAN-H 通信线、CAN-L 通信线和负载需求信号线。其中，高压通过端口连接到电池。

(6) 充电请求信号线：确认充电器输入口与外部电源的充电连接后，通过充电请求信号线将充电请求信号发送至车辆控制器。同时或短时间后，使用低压辅助电源为整车供电。

图 9-11 所示为车载充电机的工作原理。

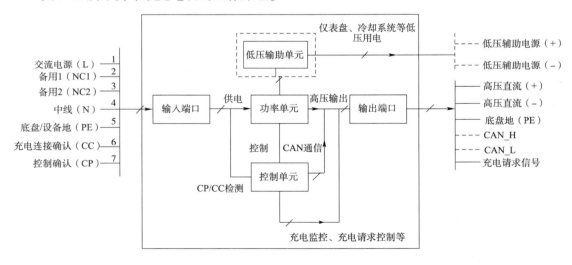

图 9-11　车载充电机工作原理

四、工作过程

通过车载充电机充电的工作过程如图 9-12 所示。

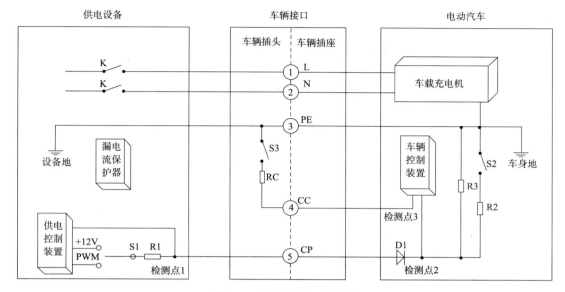

图9-12 车载充电机工作过程

1. 连接确认

整车控制装置(VCU)检查检测点3电压,确认插头插座是否正确连接。图中开关S1为电源上的起动开关。关闭后,电源上的PWM发生器发出调制脉冲信号,VCU检查检测点2是否接收到PWM信号,如果有信号,则表示充电设备已连接。

2. 车辆就绪

完成连接确认过程后,车载充电器通过输出端口的充电请求信号线向VCU发送充电请求信号,并通过低功率端口给VCU供电。如果VCU确定动力蓄电池组的状态可以充电,则可以对其进行充电,发送给充电器的充电消息包含对充电参数的要求(消息内容是车辆通信消息的一部分)。电源通过PWM信号为VCU提供充电电流的最大值。VCU全局考虑动力蓄电池、车载充电器和充电电源的最大电流,选择最小值作为充电电流的上限,避免三者中的任何一个出现过流。

3. 充电

设置充电电流阈值后,关闭涓流充电回路继电器并开始充电过程。在此过程中,VCU监控检测点3的状态,定期确认连接状态是否完好;电源侧检查检测点1,确认连接完好。

4. 充电完成

充电完成的条件是电池充满或充电开始前,在充电连接确认过程中,如果不满足连接确认条件,VCU会询问充电是否结束并发送消息询问车载充电器是否停止工作并关闭低压电源。

第十章　电动汽车制动能量回收系统

第一节　制动能量回收基本原理

制动能量回收也被称为回馈制动或再生制动,对电动汽车来说,是指在减速或制动过程中,驱动电机工作在发电状态,将车辆的部分动能转化为电能储存在储能器中,同时向驱动轴施加驱动电机回馈转矩,减速或制动电动汽车,如图 10-1 所示。该技术的应用一方面增加了电动汽车一次充电续航里程,另一方面减少了传统制动器的磨损,同时提高了整车动力学控制性能。因此,研究制动能量回收集成化技术具有重要意义和广阔的前景。

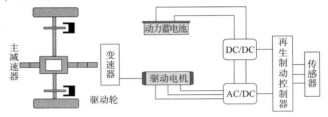

图 10-1　制动能量回收原理简图

电动汽车在正常行驶的过程中,其驱动电机是将电能转化为机械能的装置,在这个转化过程中,能量通常是以电磁场能量变化的形式来传递和转化的。从更加直观的力学角度来看,这种能量的传递和转化主要体现在磁场大小的变化上,当驱动电机通电后,接通的电流便构建了磁场,此时交变电流会构建出时变的磁场,然后再当绕组在物理空间上以一定的角度布置时,便会构造出圆形旋转磁场,当圆形旋转磁场被其空间作用范围内的导体切割时,便在导体两端产生感应电动势,再通过导体本身及其连接部件,构成完整回路,产生电流,形成载流导体,载流导体在旋转磁场中将受到力的作用,这个力就是驱动电机输出转矩中的力。

电动汽车减速或制动时,驱动电机由于惯性会继续转动,此时切换电路并往转子中提供功率相对较小的励磁电源,励磁电源产生磁场并通过转子的物理旋转切割定子绕组,使定子两端产生电动势(也称逆电动势),此时驱动电机反转,其功能类似于发电机,使电动汽车机械能转化为电能,再将所产生的电流通过功率变换器接入动力蓄电池,从而完成制动能量回收。

电动汽车的制动能量回收系统十分复杂,但是其基本原理如图 10-2 所示。

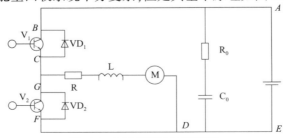

图 10-2　制动能量回收系统原理

上述电路组成包括 IGBT 器件 V_1、V_2，电阻 R，驱动电机 M，电感 L 等。

电动汽车的行驶状态不同，其制动能量回收系统的工作状态也有所不同。如图 10-2 所示，当电动汽车正常行驶时，图中的 IGBT 器件 V_1 处于导通状态，V_2 处于断开状态，此时电路的工作回路为 ABCDEA。当电动汽车制动时，如图 10-3a) 所示，图中的 IGBT 器件 V_1 与 V_2 都断开，此时电路的工作回路为 CDFGC。当回馈制动力参与电动汽车减速或制动状态时，如图 10-3b) 所示，驱动电机充当发电机，此时 IGBT 器件 V_1 处于断开的状态，IGBT 器件 V_2 处于导通的状态。经过一段特定的时间 T_{on} 后，如图 10-3c) 所示，IGBT 器件 V_2 断开，IGBT 器件 V_1 导通，电能反向回充到电动汽车动力蓄电池中。

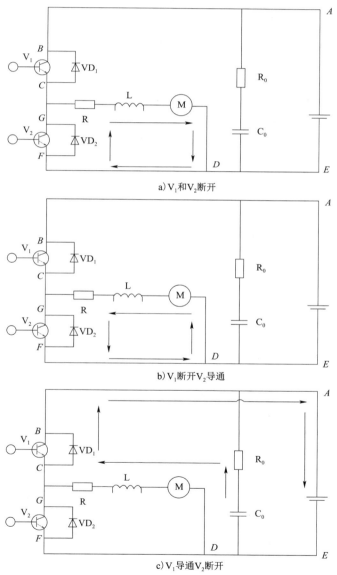

图 10-3 制动能量回收过程

下面详细介绍制动能量回收的三个步骤。

一、续流阶段

IGBT 器件 V_1 与 V_2 都断开,此时驱动电机充当电动机,通过 R-L-VD$_2$ 环路后电能将消耗一部分,如图 10-3a) 所示。

$$iR + E + L\frac{di}{dt} = 0 \tag{10-1}$$

式中:E——电机的电动势,V。$E = K_e n_0$;

K_e——常数;

n_0——电机的转速,r/min。

由上述转换公式可以得到:

$$i = -\frac{E}{R} + \left(I_0 + \frac{E}{R}\right)e^{-\left(\frac{R}{L}\right)t} \tag{10-2}$$

二、电流反向阶段

IGBT 器件 V_1 断开,V_2 导通,此时驱动电机作为发电机,如图 10-3b) 所示,电流反向:

$$iR + E + L\frac{di}{dt} = 0 \tag{10-3}$$

此时的 $E = K_e n_1$,电流 i 的表达式如下:

$$i = -\frac{E}{R} + \left(I_1 + \frac{E}{R}\right)e^{-\left(\frac{R}{L}\right)t} \tag{10-4}$$

设置此时 V_2 的导通时间为 T_{on},那么结束时电流大小为 i_{on}:

$$i_{on} = -\frac{E}{R} + \left(I_1 + \frac{E}{R}\right)e^{-\left(\frac{R}{L}\right)T_{on}} \tag{10-5}$$

三、回收馈能阶段

IGBT 器件 V_1 导通,V_2 断开,如图 10-3c) 所示,电能被充入动力蓄电池中:

$$-U_L + E + iR + L\frac{di}{dt} = 0 \tag{10-6}$$

经由上式可得到充电电流 i 的计算公式:

$$i = -\frac{U_L - E}{R} + \left(I_{on} - \frac{U_L - E}{R}\right)e^{-\left(\frac{R}{L}\right)t} \tag{10-7}$$

若 V_2 的断开时间是 T_{off},那么通过这一过程充入动力蓄电池的电能大小为:

$$W = \int_0^{T_{off}} Ei\,dt \tag{10-8}$$

上述电动汽车的制动能量回收基本原理较为简单,但其实际运行中制动能量回收的实现过程较为复杂,在汽车进行制动时,制动控制器需要根据不同的制动工况发出不同的指令,在考虑到动力蓄电池保护、制动力分配等多重约束后,通过电机控制器控制驱动电机进行再生制动。

第二节 制动能量回收常用方法

目前,制动能量回收主要用于城市公共交通车辆和一些需要频繁制动的车辆,这些车辆在制动过程中浪费了大量的能量。能量回收系统的目的就是回收车辆制动或减速过程中浪费的机械能。当前制动能量回收的方法主要分为三类:一是机械蓄能法,即利用飞轮储存能量,将制动能量转化为飞轮动能;二是液压蓄能法,即将制动能量转化为高压油,储存在液压缸中;三是动力蓄电池蓄能法,即将制动能量转化为电能储存在动力蓄电池中。下面详细介绍制动能量回收的三种方法。

一、飞轮蓄能

飞轮蓄能是机械蓄能的一种常见形式,其是将能量以惯性能(动能)的方式存储在高速旋转的飞轮中。当车辆减速或制动时,飞轮蓄能系统带动飞轮加速将车身的惯性能(动能)转化为飞轮的旋转动能。当车辆需要再次起动或加速时,飞轮减速将其旋转动能转化为车辆的动能。飞轮蓄能工作原理如图10-4所示。

飞轮按其构成材料分类,主要有两种:超级飞轮与金属制飞轮。超级飞轮采用的是高比强度的材料。它的成本高并且转速非常快。为了使飞轮能够高效地保存能量,常将飞轮的运行环境设置为密闭的真空系统。金属制飞轮以钢制飞轮为代表,该类型飞轮能量密度较低,但因其成本较低、易加工且在传动系中易连接,因此得到广泛应用。目前飞轮蓄能的前沿研究集中在飞轮轴承采用的高温超导磁悬浮技术,利用永磁铁的磁通被超导体阻挡所产生的排斥力使飞轮处于悬浮状态。

设计飞轮时既要考虑飞轮本身的强度又要注意整个系统的共振及稳定性。飞轮储能成本低、附加重量较轻,但技术难度大。保时捷在2009年将这一技术应用在911GT3RHybrid赛车上,如图10-5所示,由于飞轮蓄能系统具有重量轻、功率大且可以进行频繁地快速充放电等诸多优点,使得其在2010年的勒芒洲际杯珠海1000km耐久赛事上,击败了很多更高等级的GT1赛车。

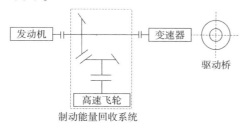

图10-4 飞轮蓄能系统工作原理

图10-5 保时捷911 GT3 R Hybrid赛车

二、液压蓄能

液压蓄能是以液压能的形式储存能量的。液压蓄能系统利用可逆的泵/马达实现蓄能器中液压能与车辆动能之间的转化,即在车辆制动时,蓄能系统将可逆的泵/马达装置以泵的形式工作,车辆的动能驱动泵旋转,将高压油驱动到蓄能器中,实现动能向液压能的转化;

在车辆起动或加速时,蓄能系统再将可逆的泵/马达以马达的形式工作,高压油从蓄能器中输出带动马达工作,实现液压能到车辆动能的转化。液压蓄能工作原理如图10-6所示。

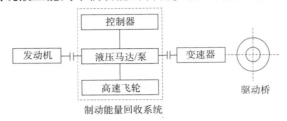

图 10-6　液压蓄能系统工作原理

相较于飞轮储能和动力蓄电池储能的能量密度,液压储能的能量密度较小,但是其具较大的功率密度,因而能够在车辆起动或加速时提供更大的转矩。同时液压储能系统具有如下优点:可较长时间储能,各部件技术成熟、工作可靠、整个系统实现技术难度小,同时便于实际商业化应用,美国明日浦公司设计的制动能量回收系统就是采用这一原理。

三、动力蓄电池储能

动力蓄电池是以电能的方式储存能量的。系统具有可逆作用的驱动电机以实现动力蓄电池中电能和车辆动能之间的转化。在车辆制动时,驱动电机以发电机的形式工作,车辆行驶的动能带动发电机将车辆动能转化为电能并储存在蓄电池中。在车辆起动或加速时,驱动电机以电动机形式工作,将储存在蓄电池中的电能转化为车辆的动能。蓄电池储能工作原理如图10-7所示。

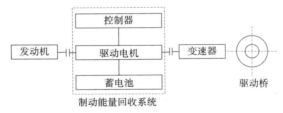

图 10-7　蓄电池储能系统工作原理

相较于其他储能方式,动力蓄电池储能更适合电动汽车。如今人们的环保意识增强,对汽车排放的限制也日趋严格,电动汽车因其具有无污染、行驶噪声小的优点受到人们广泛关注。动力蓄电池储能系统的各方面性能都较好,但其存在功率密度低、充放电频率小、不能迅速转化来吸收大量能量的问题,这使得动力蓄电池储能的应用受到很大限制。现在各国技术人员正在加紧研制大容量、高性能动力蓄电池,从而为动力蓄电池储能提供应用基础。此外,超级电容的出现,有望解决动力蓄电池储能的部分不足。马自达的 i-eloop 制动能量回收系统使用了可变电压交流发电机配合低电阻大容量双电层电容(EDLC),实现制动能量的快速充放。

综合比较上述三种制动能量回收方法,具体见表10-1,作为储能元件,超级飞轮和银锌电池均具有很高的能量密度,但液压蓄能器的功率密度远远高于其他的储能元件,从储能元件的性能、成本等多个角度来看,液压蓄能器是目前较理想的制动能量回收与辅助驱动的储能元件。

第十章 电动汽车制动能量回收系统

制动能量回收系统不同储能元件的对比　　　　　表 10-1

储能元件	能量密度(J/kg)	功率密度(W/kg)	能量保存时间
银锌电池	400000	110	几个月
超级飞轮	320000	330	几个小时
铅酸电池	79000	22	几个月
钢制飞轮	21000	330	几个小时
液压蓄能器	6300	19000	几个月

第三节　制动能量回收系统结构及控制策略

一、制动能量回收系统结构

制动能量回收系统又被称为再生制动系统,其主要组件是既可以作为发电机又可以作为电动机的驱动电机(以动力蓄电池储能为例)。制动能量回收系统由电子踏板、电子机械制动器(EMB)、驱动电机控制单元(MCU)、制动控制单元(BCU)、动力蓄电池和传感器等部件组成。每套执行机构都包括力矩电机、运动转换机构、制动钳块等主要部件。每套制动执行机构都有独立的控制单元,其所需的控制信号均由制动控制单元(BCU)提供。此外,控制单元还将接收轮速传感器的速度、角速度等信号,并发送至制动控制单元进行处理。

电动汽车在制动过程中,驱动电机会作为发电机模式并保持大负荷工作,但是其无法使得车轮完全停止转动,制动效果受到驱动电机、电池和车速等很多约束条件限制。在紧急制动或高强度制动条件下,制动能量回收系统不能独立地完成制动要求,因此为保证电动汽车的制动安全性能,在采用驱动电机再生制动的同时,必须使用传统的液压摩擦制动作为补充,从而在保证汽车制动安全性的基础上,回收绝大部分的制动能量。纯电动汽车的制动能量回收系统结构如图 10-8 所示。

在车辆制动过程中,制动控制器根据车辆制动踏板的开度(实际为主缸压力值),判断整车所需的制动强度,根据车辆的制动需求,确定相应的摩擦制动和再生制动的分配比例。前后轴的摩擦制动分配关系由液压系统对前后轮的分配关系实现;制动控制器根据制动强度和电池的 SOC 值确定可以输出的制动转矩并对前后轴进行分配,然后通过驱动电机控制器控制驱动电机进行再生制动。

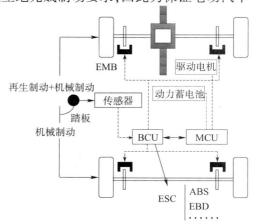

图 10-8　纯电动汽车制动能量回收系统结构图

值得一提的是,在电动汽车制动过程中,并不是所有的制动能量都可以回收,车辆阻力所消耗的能量是无法进行回收的;此外,制动能量回收系统是机电混合的制动系统,摩擦片与制动盘之间摩擦产生的热能也是不可回收的;可回收的能量是在发电机工作状态下,驱动电机参与制动时的这部分能量。

协调控制策略与电动汽车制动性能的优劣、能量回收率的高低有密切的关系,是复合制动技术研究的核心部分。机电复合制动系统协调控制策略的研究目前主要包括两部分内容:稳态协调控制策略与动态协调控制策略。下面将分别介绍制动能量回收稳态协调控制策略与制动能量回收动态协调控制策略。

二、制动能量回收稳态协调控制策略

稳态协调控制策略主要是解决总制动力在汽车前后轴上的分配问题、驱动轴上机械摩擦制动与驱动电机再生制动之间的制动力分配问题,比较典型的稳态协调控制策略包含并联制动能量回收控制策略、基于理想制动力分配制动能量回收控制策略和以固定比例分配制动能量回收控制策略。下面将分别介绍这三种典型的制动能量回收控制策略。

1. 并联制动能量回收控制策略

电动汽车并联制动系统是最简单、最接近传统机械制动的系统,该系统保留了传统机械制动的主要部分,直接在驱动轴上增添驱动电机制动。当电动汽车辆制动时,该系统根据驾驶人所需的制动强度,通过制动踏板位移向车辆控制器发出指令,驱动电机向四个车轮施加制动转矩。并联制动能量回收控制策略的优点在于车辆驱动电机制动力是可控的。

并联制动能量回收控制策略不需要电控制动系统,其只需要驱动电机控制器根据车辆的车速和制动强度产生相对应大小的驱动电机制动力。所以这种控制策略相对简单,仅仅需要直接在轴上添加驱动电机制动,但由于结构过于简单,使得其能量回收效率较低。

2. 基于理想制动力分配制动能量回收控制策略

相较于并联制动能量回收控制策略,基于理想制动力分配制动能量回收控制策略驱动电机制动力所占总制动力的比例更大,与传统车辆的理想制动力分配曲线相似。该策略优先考虑车辆制动的安全性,并在安全的基础上尽可能提高制动能量回收的效率。

基于理想制动力分配制动能量回收控制策略规定当车速高于限定值且所期望的车辆减速度小于给定值时,制动力仅由驱动电机制动部分提供。当所期望的减速度高于给定值时,驱动电机制动与机械制动共同分担总制动力,但总制动力曲线必须位于ECE法规曲线的上方。随着所期望的减速度提高,驱动电机制动力将逐渐减小,直到为零。这一设计保证了前、后轮制动力分配接近理想制动力分布曲线。

由于驱动电机制动的参与,基于理想制动力分配制动能量回收控制策略更加符合传统车辆的制动过程,在满足理想制动力分配曲线的同时,提高了制动能量回收效果。但是由于需要控制驱动电机制动与机械制动之间的动态比例,控制器不容易符合要求,所以该策略在实际应用中具有一定困难。

3. 以固定比例分配制动能量回收控制策略

以固定比例分配制动能量回收控制策略是在满足ECE制动法规的基础上,尽可能地增大参与制动过程的驱动电机制动力,其总制动力的分布遵循ECE法规规定的最大前轴制动力限制。如果制动需求所对应的前、后轮制动力没有超过法规要求,那么控制器就将最大限度利用驱动电机制动,从而提高制动能量回收效率。

以固定比例分配制动能量回收控制策略,其特点在于最大程度上采取电机制动,从而提高制动能量回收率。但是由于车辆前轮上的制动力受限于ECE制动法规的要求,ECE法规体现了呈非线性的制动力分布曲线,非线性导致了复杂的设计与控制策略,需要更为智能化的控制器,所以目前以固定比例分配制动能量回收控制策略在实际应用中稳定性不高。

三、制动能量回收动态协调控制策略

制动能量回收动态协调控制策略是复合制动系统的重点研究方向之一,该策略主要包含驱动电机再生制动与机械摩擦制动动态协调控制策略、驱动电机再生制动与制动防抱死系统协调控制策略。

1. 驱动电机再生制动与机械摩擦制动动态协调控制策略

驱动电机再生制动与机械摩擦制动动态协调控制策略主要是指在制动防抱死系统(ABS)未工作状态下,根据电动汽车的车速、电池荷电状态(SOC)、制动工况、电机制动特性、摩擦制动特性等动态协调控制电机再生制动力矩与机械摩擦制动力矩,使机电复合制动系统在满足制动性能的前提下,提高再生制动能量回收效率、车辆制动平顺性以及车辆的制动感觉一致性。

2006年,Sakamoto提出了前馈控制方法、反馈控制方法以及双闭环控制方法。前馈控制方法优先实施驱动电机再生制动,摩擦制动力矩为需求制动力矩与实际驱动电机制动力矩的差值,可实现制动能量回收最大化,但由于制动过程中摩擦因子会发生一定变化,从而引起机械摩擦制动力偏差,导致实际总制动力矩产生波动。反馈控制方法以总制动力矩一致性为目标,通过将实际总制动力矩反馈给制动力矩控制器,减小总制动力矩的波动,提高制动舒适性与制动感觉。但驱动电机再生制动未能得到充分利用,制动能量回收率不高。双闭环控制方法如图10-9所示,兼顾了前馈控制方法与反馈控制方法的优点,在保持总制动力矩一致性的情况下能充分发挥驱动电机再生制动的作用。

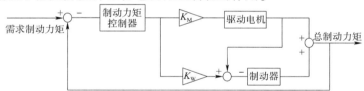

图10-9 双闭环控制系统结构框图

丰田Pruis机电复合制动系统采用前馈—反馈控制结构,设置了制动控制器(Brake-ECU)与整车控制器(THS-ECU),如图10-10所示。Brake-ECU根据制动主缸压力信号得到需求制动力矩,将其与THS-ECU反馈的实际电机制动力矩作差来确定轮缸需求压力,结合轮缸实际压力调节线性阀开度,实现对轮缸压力的精确控制;THS-ECU根据Brake-ECU发送的需求制动转矩和当前车辆运行状态控制驱动电机再生制动力矩,并将驱动电机实际制动力矩反馈给Brake-ECU。

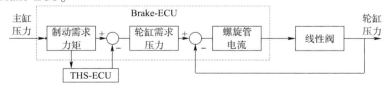

图10-10 丰田Pruis制动控制系统结构框图

2. 驱动电机再生制动与制动防抱死系统(ABS)协调控制策略

驱动电机再生制动与ABS协调控制主要是在车轮出现抱死趋势时,动态协调控制驱动

电机制动力矩与摩擦制动力矩,使车轮处于最佳滑移率状态,在保证制动效能及稳定性的前提下优化再生能量回收效率。驱动电机再生制动与 ABS 协调控制主要有三种方案:一是驱动电机制动退出,由摩擦制动独立完成制动防抱死控制;二是驱动电机制动与摩擦制动协同,完成制动防抱死控制;三是摩擦制动退出,由驱动电机制动独立完成制动防抱死控制。

2000 年,Sakai S 提出了基于模型跟踪控制,以轮速为控制变量的制动防抱死控制方案,采用 1/4 整车质量加上轮胎质量为控制模型的等效质量。当车轮出现抱死趋势时,车轮实际轮速小于标准模型理想轮速,以两者差值为依据,利用比例控制将该差值乘以一个适当系数作为驱动电机输出力矩修正值,反馈调节驱动电机输出力矩,减小总制动力矩输出,避免车轮制动抱死。

2001 年,Gao 提出了集成电机再生制动、电制动执行器及传统 ABS 的电子控制制动系统。通过精确设计驱动电机制动力矩门限值,使再生制动系统与 ABS 兼容工作,且设计了区分常规制动与紧急制动的制动力分配逻辑,通过调节再生制动力矩和摩擦制动力矩实现车轮防抱死控制与较大驱动电机能量回馈。

第四节 制动能量回收过程动力学分析

电动汽车在制动过程中受到滚动阻力、空气阻力、坡道阻力和制动器制动力的共同作用,其中与制动能量回收相关性最强的是制动器制动力,制动器制动力由机械制动的摩擦力和驱动电机的再生制动力共同提供,其中再生制动力做功产生再生制动能量。本节首先对电动汽车运动过程中的受力进行分析,然后分析制动过程中的能量转换关系,最后进行电动汽车的制动能量回收分析。

一、制动过程受力分析

汽车在正常运行过程中,其运动阻力按照其形成的原因可以分为自然阻力和人为阻力两类;自然阻力主要包括:滚动阻力 F_f、空气阻力 F_w、坡道阻力 F_i,以及在汽车发动机和底盘传动机构内所产生的摩擦力;人为阻力是驾驶人为了降低汽车行驶速度或紧急制动而使用制动机构产生的制动力 F_b。

1. 滚动阻力

滚动阻力 F_f 作用在车轮与道路的接触处,路面和轮胎之间法向和切向的相互作用使轮胎发生变形,同时由于轮胎的弹性迟滞损失,轮胎变形时所做的功不能完全回收,使车轮前进时遇到阻力,即滚动阻力,其大小取决于轮胎结构、车胎内气压及路面状况等。汽车的滚动阻力 F_f 大小为:

$$F_f = mgf \tag{10-9}$$

式中:F_f——滚动阻力,N;

　　　m——汽车质量,kg;

　　　f——滚动阻力系数。

2. 空气阻力

汽车直线行驶时受到的空气作用力在行驶方向上的分力为空气阻力。空气阻力 F_w 大小为：

$$F_w = \frac{C_D A v_a^2}{21.15} \quad (10\text{-}10)$$

式中：C_D——汽车的空气阻力系数；

A——汽车的正迎风面积，m^2；

v_a——汽车行驶速度，m/h。

3. 坡道阻力

当汽车上坡行驶时，汽车重力沿坡道的分力表现为坡度阻力。坡道阻力的力 F_i 大小为：

$$F_i = mg\sin\alpha \quad (10\text{-}11)$$

式中：α——坡度角，rad。

引入坡度 i 来代替坡度角为：

$$i = \tan\alpha = \frac{h}{s} \quad (10\text{-}12)$$

式中：s——坡道长度，m；

h——坡道上升高度，m。

在坡度角不大的情况下，$\sin\alpha = \tan\alpha$。所以有：

$$F_i = mg\sin\alpha = mgi \quad (10\text{-}13)$$

4. 制动器制动力

车辆制动过程中，最有效的制动是来自于汽车车轮上专门的制动机构。一般来说，在车辆制动过程中，摩擦式制动器的蹄片压紧制动鼓或制动盘而产生制动力。在这个过程中，车辆所具有的动能在制动机构内转变为热能，然后传递到周围大气中去。而在采用机电复合制动系统的电动汽车中，制动力应当由再生制动力和机械摩擦力进行协调提供。

摩擦制动器所产生的制动力 F_b 可以在较大的范围内进行调节，但是还要受到制动车轮上的载荷的限制。当制动车轮的载荷完全利用时，最大制动力 $F_{b\,max}$ 为：

$$F_{b\,max} = mg\varphi\cos\alpha \quad (10\text{-}14)$$

式中：φ——路面附着系数。

车辆在制动过程中，其最大的制动力随车轮负载的变化而变化，同时还要受到附着系数的制约。在车轮未发生抱死的情况下，制动力随着制动踏板上压力的增大而增大。但是当车轮发生抱死时，制动力将不再随制动踏板力的变化而变化。

路面摩擦系数与路面状态和轮胎种类有关，通常在轮胎将要抱死前的瞬间，车辆的制动摩擦系数最大。不同路面的附着（摩擦）系数见表10-2。

不同材质路面的附着（摩擦）系数 表10-2

路　　面	附着系数	路　　面	附着系数
干沥青和混凝土	0.7～0.8	湿沥青和混凝土	0.3～0.4
干碎石路	0.6～0.7	冰雪路面	0.2～0.3

上述各种制动力所产生的总效应，便使车辆获得了一定的减速度。由减速度所确定的惯性力 F_t，在数值上等于所有外部运动阻力的总和，即：

$$F_t = F_f + F_w + F_i + F_b \tag{10-15}$$

经分析,制动工况下的路面摩擦力要远远大于车辆所受的滚动阻力、坡度阻力和空气阻力的总和,由此可知,车辆在制动过程中,起主要制动作用的是地面的摩擦制动力。汽车制动时的主要作用力是制动力F_b。

汽车制动过程中,整车的摩擦制动作用是前后轮制动共同作用的结果,将汽车简化为质点的运动,考虑汽车的质心制动减速度为:

$$a_b = \frac{dv}{dt} \tag{10-16}$$

式中:a_b——汽车质心运动加速度,m/s²;
　　　v——汽车质心的运行速度,m/s;
　　　t——时间 s。

令:

$$z = \frac{a_b}{g} \tag{10-17}$$

式中:z——制动强度;
　　　g——重力加速度,m/s²。

二、制动过程能量转换分析

通过分析车辆制动过程中的制动力组成可知,制动过程中的运动阻力主要有滚动阻力、坡道阻力、空气阻力、传动系统阻力和制动器制动力,其中坡道阻力和传动系统阻力在一定的条件下可以忽略,故在只考虑滚动阻力、空气阻力和制动力的条件下,整车的速度从v_0降至v_1的过程中,其能量的转换关系如下:

$$\frac{1}{2}mv_0^2 - \frac{1}{2}mv_1^2 = w_f + w_w + w_b \tag{10-18}$$

式中:v_0——制动初始车速,m/s;
　　　v_1——制动终止车速,m/s;
　　　w_f——滚动阻力所做的功,J;
　　　w_w——空气阻力所做的功,J;
　　　w_b——制动力所做的功,J。

其中,在目前的技术手段下,滚动阻力和空气阻力消耗的能量是无法回收利用的;制动器制动力由机械摩擦制动力和驱动电机再生制动力两部分组成,其中摩擦制动力做功是将汽车的动能转化为热能后而无法加以利用,然而再生制动力做功是可以转化为电能后而储存在动力蓄电池中,制动能量回收也主要是针对这一部分来进行的。

三、制动能量回收分析

电动汽车回收的制动能量在很大程度上取决于汽车制动过程中再生制动力的参与程度,再生制动力即驱动电机处在发电机状态时能够产生的制动力,当驱动电机作为发电机工作时,产生的再生制动力和驱动电机工作在电动机状态时的输出矩阵存在一定的联系。因此首先考虑纯电动汽车行驶时驱动电机输出的转矩:

$$T_d = \begin{cases} \dfrac{9950P}{n} & n > n_0 \\ T & n \leqslant n_0 \end{cases} \qquad (10\text{-}19)$$

式中：T_d——驱动电机发出的转矩，$N \cdot m$；

P——额定功率，kW；

T——额定转矩，$N \cdot m$；

n——驱动电机转速，r/min；

n_0——驱动电机基速，r/min。

电动汽车轮毂驱动由马达所产生的转矩对车轮进行驱动，车轮与路面接触时，路面对汽车产生使汽车前进的驱动力F_T。驱动电机的转矩、汽车的车轮半径等参数都影响汽车的驱动力F_T：

$$F_T = f(T_d, R, \cdots) \qquad (10\text{-}20)$$

当电动汽车制动，驱动电机工作在电源的状态下，相当于向汽车车轮施加制动转矩。这使得在汽车车轮与路面接触处，路面对汽车产生相应的反作用力使汽车速度减慢或者停止，这即是再生制动力F_{reg}。很明显，驱动电机所能产生的再生制动力F_{reg}与汽车行驶时驱动电机所能提供的驱动力F_T密切相关，也是驱动电机转速、汽车车轮半径等参数的函数：

$$F_{reg} = f(T_d, R, \cdots) \qquad (10\text{-}21)$$

我们可以根据计算出来的再生制动力，计算出纯电动汽车的再生制动能量，以及再生制动能量与时间的导数关系，如下式：

$$E_{reg\_t} = f(\omega, I_m, I_w, \cdots) \qquad (10\text{-}22)$$

$$\frac{dE_{reg\_t}}{dt} = f(\omega, \dot{\omega}, I_m, I_w, \cdots) \qquad (10\text{-}23)$$

式中：ω——汽车车轮角速度，rad/s；

$\dot{\omega}$——汽车车轮角加速度，rad/s^2；

R——车轮半径，m；

I_m——驱动电机转子的转动惯量，$kg \cdot m^2$；

I_w——汽车轮子的转动惯量，$kg \cdot m^2$。

在完成车辆制动过程中的动力学分析后，我们便可以获取车辆的再生制动力最优分配曲线。根据车辆的再生制动力最优分配曲线来构建车辆的再生制动力控制策略。该策略的目标是要在保证安全、稳定的车辆行驶前提下，尽可能提高制动能量回收的效率。

参 考 文 献

[1] 马文胜,贾丽娜,郝金魁.新能源汽车技术[M].北京:北京理工大学出版社,2018.
[2] Jack Erjavec.混合动力、纯电动及燃料电池汽车[M].赵万忠,李元芳,金智林,译.北京:清华大学出版社,2019.
[3] 徐斌,李根生,吴敬波.新能源汽车[M].北京:人民交通出版社股份有限公司,2015.
[4] 吴兴敏,高元伟,金艳秋.新能源汽车[M].北京:化学工业出版社,2017.
[5] 何洪文,熊瑞.电动汽车原理与构造[M].北京:机械工业出版社,2018.
[6] 李兴虎.电动汽车概论[M].北京:北京理工大学出版社,2005.
[7] 崔胜民.新能源汽车技术[M].北京:北京大学出版社,2014.
[8] 瑞佩尔.新能源汽车结构与原理[M].北京:化学工业出版社,2018.
[9] 黄志坚.电动汽车结构·原理·应用[M].北京:化学工业出版社,2018.
[10] 高建平,郗建国.新能源汽车概论[M].北京:机械工业出版社,2018.
[11] 王震坡,孙逢春,刘鹏.电动汽车原理与应用技术[M].北京:机械工业出版社,2014.
[12] 苑章义.燃料电池汽车技术发展研究[M].北京:北京理工大学出版社,2015.
[13] Ehsani·M.现电动汽车、混合动力电动汽车和燃料电池车-基本原理、理论和设计[M].2版.倪光正,倪培宏,熊素茗,译.北京:机械工业出版社,2010.
[14] 邹政耀,王若平.新能源汽车技术[M].北京:国防工业出版社,2012.
[15] 吴兴敏,于云涛,刘映凯.新能源汽车[M].北京:北京理工大学出版社,2015.
[16] Peter Hofmann.混合动力汽车技术[M].耿毅,耿彤,译.北京:机械工业出版社,2016.
[17] 欧阳波仪,旷庆祥.新能源汽车概述[M].北京:北京理工大学出版社,2019.
[18] 王永富,陈泽宇,周楠.新能源汽车技术[M].北京:科学出版社,2018.
[19] 张建龙.新能源汽车整车设计:典型车型与结构[M].上海:上海科学技术出版,2013.
[20] 樊明明.混合动力重型车动力传动系统优化匹配与仿真分析[D].长沙:湖南大学,2011.
[21] 刘鹏.燃料电池汽车动力电池 SOC 估算及能量管理策略研究[D].武汉:武汉理工大学,2014.
[22] 侯红霞.屁股不冒烟的精灵-新能源汽车[M].长春:吉林人民出版社,2014.
[23] 余卫平,李明高,李明,等.现代车辆新能源与节能减排技术[M].北京:机械工业出版社,2014.
[24] 王晶,李波.新能源汽车技术[M].上海:上海交通大学出版社,2017.
[25] 王永富,张化锴,齐晗.汽车电子信息技术[M].北京:科学出版社,2017.
[26] 乔海霞.电动汽车安全驱动控制策略的研究及仿真系统的开发[D].哈尔滨:哈尔滨工业大学,2012.
[27] 周孟喜.电动汽车驱动工况下的整车控制策略研究[D].重庆:重庆大学,2012.

[28] 任振林.自己开车省钱术[M].长沙:湖南科学技术出版社,2002.

[29] 邹积勇.电动汽车控制策略研究[D].天津:天津大学,2007.

[30] 苏帮成,李明高,李明.现代有轨电车混合动力技术[M].北京:机械工业出版社,2016.

[31] 董艳艳,王万君.纯电动汽车动力电池及管理系统设计[M].北京:北京理工大学出版社,2017.

[32] 姜久春.电动汽车相关标准[M].北京:北京交通大学出版社,2016.

[33] 王佳.车载充电机产业发展现状及趋势[J].汽车工业研究,2016,(12):23-27.

[34] 中商产业研究院."新基建"—2020年中国充电桩行业市场前景及投资机会研究报告[J].电器工业,2020,(05):18-31.

[35] 朱雄世.通信电源设计及应用[M].北京:中国电力出版社,2006.

[36] 段庆.电能质量约束下的电动汽车充电桩入网研究[D].武汉:武汉大学,2017.

[37] 陈嘉鑫.纽池公司可移动充电桩联盟项目商业计划书[D].兰州:兰州大学,2019.

[38] 沙迪.城市电动汽车充电设施分层次选址规划及定容方法研究[D].南京:东南大学,2017.

[39] 甄子健,孟祥峰.国内外电动汽车交流充电接口技术与标准对比分析研究[J].汽车工程学报,2012,2(01):1-7.

[40] 黄生旺.基于嵌入式技术的电动汽车交流充电桩研究与设计[D].昆明:昆明理工大学,2016.

[41] 赵军.城市电动汽车充电设施规划研究与应用[D].福州:福建农林大学,2017.

[42] 刘金龙.基于O2O的电动汽车运营商业模式研究[D].北京:北京理工大学,2016.

[43] 张鹏.电动汽车制动能量回收系统的研究与实现[D].哈尔滨:哈尔滨工业大学,2010.

[44] 王奎洋,何仁.汽车机电复合制动系统协调控制技术现状分析[J].重庆理工大学学报(自然科学),2014,28(12):10-17.

[45] 孙旭.轮毂电机驱动汽车复合制动动力学分析及控制[D].长春:吉林大学,2014.

[46] 许强,张云宁,郭建民,等.汽车制动能量回收方案及比较[J].交通科技与经济,2008,(03):59-60.

[47] 周奉香,苑士华,李辉.公交车辆制动能量回收与再利用系统研究[J].客车技术与研究,2003,(06):6-7.

[48] 周奉香,苑士华,李辉.公交车辆制动能量回收与再利用系统研究[J].能源研究与信息,2003,(02):91-94.

[49] 过学迅,郑伟.现代车用缓速器[J].汽车研究与开发,2005,(05):39-42.

[50] 杨志远.能量回收式电涡流缓速器设计研究[D].南京:南京理工大学,2006.

[51] 邓高飞.一种单相磁阻构造能量回收型缓速器的研究[D].北京:北京工业大学,2011.

[52] 陈燕.电动汽车制动能量回收控制策略研究[D].常州:江苏理工学院,2016.

[53] 任国军.公共汽车制动能量再生的液压储能技术研究[D].淄博:山东理工大学,2006.

[54] 彭玲玲.城市公交车节能减排综合应用研究[D].武汉:武汉理工大学,2009.

[55] 李章宏.电动汽车驱动与制动能量回收机理及实验研究[D].武汉:武汉理工大学,2014.

[56] 刘宇辉,姜继海.二次调节流量耦联静液传动系统性能[J].吉林大学学报(工学版),2008,(05):1095-1100.

[57] 王室翔.电动汽车制动能量回收研究[D].成都:电子科技大学,2016.

[58] 李贺.纯电动汽车的再生制动系统与ABS集成控制策略研究[D].武汉:武汉理工大学,2012.

[59] 左磊.重型湿式制动车桥能量回收系统研究[D].重庆:重庆交通大学,2015.

[60] 高帅.电控气压再生制动系统控制策略的研究[D].北京:北京理工大学,2015.

[61] 刘博.基于纯电动汽车的制动能量回收系统的研究与实现[D].北京:清华大学,2004.

[62] 王诗平,罗美琴,康朝国.电动汽车制动能量回收系统分析[J].时代农机,2015,42(05):44-45.

[63] 林一楠.矿用自卸车电辅助驱动研究[D].西安:西安建筑科技大学,2016.

[64] 吴洪军,穆玉忠,王波,等.电动汽车的发展及存在的问题[J].汽车维修,2011,(03):2-4.

[65] 王长宏,张国庆,赵灵智,等.新能源汽车技术现状与应用前景[M].广州:广东经济出版社,2015.

[66] 张煜,张春润,资新运,等.电动汽车核心技术及其发展趋势[J].汽车电器,2004,(09):1-4+8.

[67] 聚焦2020两会汽车话题[J].汽车纵横,2020,(06):20-33.

[68] 刘春娜.电动汽车充电桩建设迎来新机遇[J].电源技术,2015,39(10):2055-2056.

[69] 童遵军.机电控制技术应用问题分析[J].城市建设理论研究:电子版,2013,(031):1-5.

[70] 李建,梁刚,刘巍.纯电动汽车的结构原理与应用探讨[J].装备制造技术,2011,(01):108-109+117.

[71] 王新旗,芦建平.纯电动汽车的类型、结构及维护操作常识(二)[J].汽车维修与保养,2019,(04):82-84.

[72] 赵宇.充电国标将打破地方对充电站的垄断[J].电动自行车,2015,(10):42-43.

[73] 窦雨.中国电动汽车发展情景与钴需求分析[D].北京:中国地质大学,2020.

[74] 周思宇.面向典型山地城市的电动汽车充电设施多场景规划研究[D].重庆:西南大学,2020.

[75] 吴洪军,穆玉忠,王波,等.电动汽车的发展及存在的问题[J].汽车维修,2011,(03):2-4.

[76] 阮娴静.新能源汽车技术经济综合评价及其发展策略研究[D].武汉:武汉理工大学,2010.

[77] 寇运国.技术轨道视角下我国新能源汽车的技术经济评价与预测[D].杭州:杭州电子科技大学,2013.